Jens de Jonge

Trauer fühlen und annehmen

Ein Missverständnis aus
Verdrängung und Akzeptanz

Jens de Jonge

Trauer fühlen und annehmen

Ein Missverständnis aus
Verdrängung und Akzeptanz

Bibliografische Information der Deutschen Nationalbibliothek:
Die Deutsche Nationalbibliothek verzeichnet diese Publikation
in der Deutschen Nationalbibliografie;
detaillierte bibliografische Daten sind im Internet
über http://dnb.dnb.de abrufbar.

Herstellung und Verlag: BoD – Books on Demand,
Norderstedt

ISBN: 978-3-7597-5169-0

Vorwort

Jedes Jahr sterben rund um den Globus Millionen Menschen aus unterschiedlichen Gründen. Unheilbare oder schwere Krankheiten und fortgeschrittenes Alter, aber auch Unfälle und Suizide gehören zu den häufigsten Ursachen.

Der Umgang von Hinterbliebenen mit der Trauer und dem eigentlichen Verlust ist individuell verschieden und kann niemals von außen bestimmt werden.

Trauer ist nicht gleich und auch das, was uns trauern lässt, kann unterschiedliche Hintergründe haben. Immer wieder bekommen Trauernde gut gemeinte Ratschläge, welche jedoch den Trauerprozess mitunter erschweren.

Der Tod unserer geliebten Tochter im Frühjahr 2023 war der Auslöser, mich mit dem Thema Trauer näher zu beschäftigen und Menschen bei der Bewältigung eines Trauerfalls zu unterstützen. Heute bin ich als Personal Coach und Trauerbegleiter tätig.

Auch Männer dürfen und sollen trauern. Alte Klischees vom „starken Mann" sind längst überholt und trotzdem führen genau diese und andere Lebensweisheiten dazu, dass nicht selten Männer in einen längeren Trauerprozess geraten. Zu früh wird verdrängt und zu spät erkannt, wie wichtig die Auseinandersetzung mit dem Verlust ist.

Mit dem Buch möchte ich trauernden Angehörigen Mut machen, ihre Trauer zu fühlen und zu erleben.

Herzlichst,
Jens de Jonge

Die Bezeichnungen für Personen sind geschlechterneutral formuliert.

Was ist Trauer?

Die Frage, was Trauer überhaupt bedeutet, ist wichtig, um dieses menschliche Gefühl grundlegend zu verstehen. Wir sollten in diesem Zusammenhang auch genauer betrachten, was Trauer in uns eigentlich auslöst. Nicht immer, wenn wir vom Trauern sprechen, ist der Tod eines geliebten Menschen der Auslöser dafür.

Trauer ist im Allgemeinen ein sehr starkes Gefühl in uns Menschen, das fast immer nach einem schwerwiegenden Verlust auftritt. Dieser Verlust kann sehr unterschiedlich sein, worauf wir aber später noch einmal zurückkommen. Des Weiteren kann und wird die Schwere der Trauer von Person zu Person variieren, so wie auch der jeweilige Umgang mit dieser. Trauer wird als eines der schwersten und tiefsten Gefühle beschrieben, welche wir als Mensch empfinden können.

Selbst körperliche Symptome können in der Trauer auftreten. Manchmal beschreiben Trauernde ein Herzrasen oder ein Leeregefühl im Magen sowie eine starke Müdigkeit.

Wir trauern, wenn wir etwas oder jemanden vermissen. Bereits im Kindesalter kommen wir mit dem Gefühl der Trauer in Berührung, wodurch dessen Entwicklung schon sehr früh beginnt.

Da es jedoch keine richtige oder falsche Trauer gibt, lässt sich auch dieses Gefühl nicht generell beschreiben. Eine Leere, die uns umgibt, könnte ebenso für die Beschreibung von Trauer verwendet werden, wie auch die fehlende Zukunftsperspektive für das eigene Leben. Etwas, das vor einiger Zeit noch wunderbar war, ist nun vollkommen anders und wir sehnen uns nach der vergangenen Zeit.

Es gibt in der Trauer eines Menschen nichts, was ungewöhnlich wäre, denn jeder Mensch trauert auf seine eigene Weise. Weinen. Lachen, Tanzen, Singen und vieles mehr kann sich wellenartig abwechseln. In einem Moment sind wir traurig und in uns gekehrt, aber im nächsten Augenblick kann schon eine kleine lustige Erinnerung für herzhaftes Lachen sorgen. Nichts darf uns in der Trauer fremd oder gar unsinnig erscheinen.

Alles, was heilsam für unsere Seele ist, sollte erlebt und durchfühlt werden. Niemand sollte sich seiner Gefühle und seines Verhaltens in der Trauer schuldig fühlen oder schämen.

Seit es Lebewesen auf dieser Erde gibt, gehört der Tod und der Verlust zum Kreislauf des Lebens.

Wenn wir trauern, empfinden wir eine unglaubliche Traurigkeit und Sehnsucht in uns, die in verschiedenen Phasen ablaufen kann.

In der Literatur wird das Modell „Fünf Phasen der Trauer" von Elisabeth Kübler Ross (1) gerne benannt, welches sich mit dem Thema Sterben und Trauer auseinandersetzt. Vordergründig wurde es aufgestellt, um zu beschreiben, welche Phasen unheilbar kranke Patienten bei einem Sterbeprozess durchlaufen.

Später fand es auch für den Trauerprozess Anwendung, den Hinterbliebene nach einem Verlust durchlaufen.

---

1) https://de.wikipedia.org/wiki/F%C3%BCnf_Phasen_der_Trauer

Die fünf Phasen werden wie folgt bezeichnet:

Leugnen: Der Verlust darf nicht wahr sein.

Wut: Wir suchen einen Schuldigen für den Verlust.

Verhandeln: Was kann ich tun, um es abzuwenden?

Depression: Das Lösen und Akzeptieren beginnen.

Akzeptanz: Unser neues Leben wird akzeptiert.

Nach eigener Erfahrung laufen diese Phasen sehr oft gar nicht strikt nacheinander ab und folgen auch keinem festen Plan. Es ist eher eine wellenartige Bewegung, durch die man immer wieder Teile einzelner Phasen erlebt, die mal mehr und mal weniger stark ausgeprägt sind.

Lassen Sie uns die einzelnen Phasen einmal genauer betrachten und versuchen. Versuchen Sie dabei gerne, sich an Ihre Trauer zu erinnern und zu fühlen, welche Emotionen Sie in den einzelnen Phasen erlebt haben.

„Je schöner und voller die Erinnerung,

desto schwerer ist die Trennung.

Aber die Dankbarkeit verwandelt

die Qual der Erinnerung in eine stille Freude.

Man trägt das vergangene Schöne nicht

wie einen Stachel,

sondern wie ein kostbares Geschenk in sich.“

Dietrich Bonhoeffer

Leugnen

Manchmal ist es nur ein Anruf und unser Leben verändert sich von einem auf den anderen Augenblick. Ein geliebter Mensch ist für immer aus unserem Leben gerissen worden. Zuweilen geht dem Tod eine lange Krankheit voraus oder es geschieht ganz plötzlich durch einen Unfall oder sogar ein Verbrechen.

Einem Angehörigen mitzuteilen, dass ein Familienmitglied verstorben ist, gehört vermutlich zu den schwierigsten Aufgaben, die man sich vorstellen kann. In einzelnen Ausbildungen und Studiengängen gehören solche Situationen zum Teil des Lernumfangs. In der Theorie und in praktischen Übungen erlernen Menschen, einem Angehörigen eine Todesnachricht zu überbringen. Doch wie kann man etwas lernen, ohne dabei besonders den Menschen gegenüber und die ganz persönlichen Emotionen der jeweiligen Situation zu berücksichtigen? Eine noch so gute Vorbereitung kann die Realität vermutlich niemals ersetzen.

Für die Hinterbliebenen bedeutet eine solche Botschaft nicht selten einen freien Fall in ein schier unendlich erscheinendes tiefes schwarzes Loch. Manchmal geht es sehr plötzlich, obwohl man am Vorabend noch gemütlich zusammen auf dem Sofa saß.

Ein anderes Mal geht dem Verlust eine Krankheit voraus und man hatte vielleicht bis zuletzt die Hoffnung auf Besserung oder sogar Heilung.

Ein Vorbereiten auf den Tag oder den Moment des Sterbens eines geliebten Menschen ist schwer und fast unmöglich. Wenn sich unsere Liebsten auf die letzte Reise begeben, ist dies unumkehrbar und das Gefühl, das in den zurückbleibenden Angehörigen aufkommt, kann man weder planen noch vorhersagen. Jeder Verlust ist auf seine Weise einmalig und jedes Gefühl menschlich unterschiedlich.

Nach der traurigen Nachricht reagiert unser Körper in der Regel mit einem Schockzustand. Wir leugnen das Geschehene automatisch als eine Art Selbstschutz.

Zudem sind wir teils emotionslos und verstehen nicht, was geschehen ist. Worte fallen schwer und wir verschließen uns sogar Menschen in unserem engsten Umfeld.

Auch unser Zeitgefühl ist quasi nicht mehr vorhanden. Es scheint, als würde die Zeit stehen bleiben. Wenn wir auf die Uhr schauen, stellen wir oft fest, dass kaum Zeit vergangen ist. Die Tage erscheinen endlos.

Und dennoch geht das Leben um uns herum unvermittelt weiter. Menschen, denen wir im Alltag begegnen und die nichts von unserem Verlust wissen, sind uns gegenüber fröhlich. Sie ahnen natürlich nicht, was geschehen ist und wie wir uns fühlen.

Wir verstehen das gar nicht in unserer Trauer. Der Gedanke, dass jemand so fröhlich sein kann, obwohl gerade ein geliebter Mensch gestorben ist, weckt im ersten Moment Unverständnis in uns.

Wir wollen das alles nicht wahrhaben. Diese Phase lässt sich, ebenso wie die Trauer insgesamt, nicht zeitlich begrenzen.

Möglicherweise bekommt hierbei wieder die gedankliche Vorbereitung auf den Verlust eine gewisse Bedeutung, die das Leugnen etwas eher vergehen lassen könnte, als bei einem sehr plötzlichen Verlust.

Es bleibt die Tatsache, dass man nicht wahrhaben will, was passiert ist und was das Leben derart verändert hat.

„Was als wahr betrachtet wird, kann unwahr sein.
Was als unwahr betrachtet wird,
hat seine eigene Wahrheit.“

Georg-Wilhelm Exler

Wut

In der Wut-Phase spricht man auch oft von Frustration. Wir suchen einen Schuldigen für den Verlust. Die Fragen nach dem „Warum ich?" oder „Wieso werde ich so bestraft?" klingen immer wieder durch. Wir empfinden, dass alles, was passiert ist, nicht fair ist.

Nicht selten werden in dieser Phase auch Menschen beleidigt oder man verhält sich ausfällig ihnen gegenüber. Dabei spielt es kaum eine Rolle, wer der Gegenüber ist. Familienangehörige, Ärzte oder Freunde bekommen schon einmal Dinge zu hören, die aus der Trauer heraus entstanden sind. Und auch dies ist gewissermaßen notwendig, da es für den Trauernden wichtig ist, die eigenen Gefühle zuzulassen. Kaum jemand wird einem Hinterbliebenen, der um einen geliebten Menschen trauert, eventuelle verbale Entgleisungen in gewissen Situationen und ausdrücklich in der Wut-Phase übelnehmen.

Viele Menschen machen sich auch Vorwürfe, dass sie es nicht verhindern konnten, dass ein geliebter Mensch gegangen ist. Jemand anderes gibt sich die Schuld, dass er etwas übersehen haben könnte. Bei einem Unfalltod gibt man vielleicht einem Unfallfahrer die Schuld, dass ein Angehöriger verstorben ist.

Alle diese Schuldgefühle sind keine Einzelfälle, sondern werden immer wieder von Hinterbliebenen erzählt. Diese Phase der Trauer mit Wut und Schuldzuweisung ist für die Zeit nach dem ersten Schock durchaus nachvollziehbar und in gewisser Weise auch hilfreich. Man bekommt das Gefühl, dass irgendjemand verantwortlich ist. Wenn wir einen Schuldigen haben, ist Vieles oftmals leichter hinzunehmen, zumindest für den Moment.

Hin und wieder kommt es in dieser Phase der Trauer auch zu Konflikten in der Partnerschaft oder der Familie. Grundsätzlich sind über den ganzen Trauerprozess hinweg Konflikte jederzeit möglich. Im sonst so gefestigten Familiengefüge kann es zu Spannungen durch die individuelle Trauer kommen.

Mann und Frau, Sohn und Tochter und jedes weitere Familienmitglied gehen einen ganz eigenen Weg der Trauer.

Dieser unterschiedliche Umgang mit der Trauer kann die Wut zusätzlich verstärken und zum Unverständnis bei gewissen Handlungen eines Familienmitgliedes oder im Freundeskreis führen. Gegenseitige Rücksichtnahme und das Verständnis dafür, dass Menschen unterschiedlich trauern, sind sehr wichtig, um nicht in Gefahr zu laufen, dass Familien an der Trauer zerbrechen.

Während meiner Gespräche als Trauerbegleiter höre ich oft von Klientinnen und Klienten, dass sie sich selbst verurteilt haben, etwas übersehen oder falsch gehandelt zu haben und sich deswegen große Vorwürfe machen.

Selbst die verstorbene Person wird häufig von den Angehörigen beschuldigt, dass sie die Hinterbliebenen zurückgelassen hat. Das Gefühl, verlassen worden zu sein, führt sehr oft zu genau dieser Schuldzuweisung.

Verhandeln

Beim Verhandeln beschäftigen wir uns mit dem, was wir gerne wiederhaben möchten. Trauernde versuchen, mit sich selbst und dem Verlust in Verhandlungen zu treten, um ihn rückgängig zu machen. Die Endgültigkeit des Todes wird infrage gestellt und die Möglichkeiten ausgelotet, ob man mit seinem eigenen Verhalten den geliebten Menschen zurückbekommen könnte.

Der Wunsch, den Verlust mit allen Möglichkeiten ungeschehen zu machen, ist besonders stark verbreitet. Wir haben die Hoffnung, dass wir durch eine Veränderung unseres eigenen Verhaltens auch etwas zurückbekommen.

So ziemlich alles würden wir geben, wenn wir noch einmal mit dem Menschen zusammen sein könnten. Hinterbliebene versuchen in dieser Phase, den Schmerz erträglicher zu gestalten.

Häufig berichten Menschen sogar darüber, dass sie gerne selbst anstelle des Verstorbenen gegangen wären. Natürlich ist dies keine Lösung und diese Gedanken sollten unbedingt im Auge behalten werden, um möglicherweise rechtzeitig reagieren zu können.

In dieser Phase der Trauer verändern sich viele Menschen gegenüber Freunden und Bekannten, ja sogar gegenüber der Familie. Diese Veränderungen müssen nicht negativ sein. Sie stellen aber das Umfeld manchmal vor unbekannte Situationen. Jegliche Veränderung geht aber für den Trauernden immer mit dem Wunsch einher, das Geschehene doch ungeschehen zu machen.

Viele Menschen hadern auch mit Gott und beten für eine Rückkehr des Verstorbenen.

Gespräche mit Freunden und Familie können jetzt enorm helfen, wenn Trauernde bereit sind, diese Hilfe zu suchen und anzunehmen.

Depression

Der Verlust wird nach und nach zur Realität. Eine innere Leere breitet sich in uns aus und wir stellen immer mehr fest, dass es ein endgültiger Verlust ist. Der Schmerz über den Tod des geliebten Menschen ist in jeder Situation des Lebens und des Alltags spürbar. Die Anteilnahme durch Freunde und Bekannte kommt allmählich zur Ruhe. Die Fragen, wie es dem Hinterbliebenen geht, werden seltener.

Eine große Machtlosigkeit gegenüber dem Verlust wird erneut intensiv erlebt. Vereinzelt führt die Trauer zu einer enormen seelischen Belastung, wenngleich auch die Versuche, den Verlust abzuwenden, immer weniger werden.

Ein Blick auf die eigene Zukunft fällt sehr schwer und die Vorstellung, selbst jemals wieder glücklich zu sein, ist kaum vorhanden. Das Leben ist für Hinterbliebene zu einer Art Kreislauf tiefster emotionaler Schmerzen und Verzweiflung geworden.

Alleine in den Urlaub zu fahren oder nur einen Kaffee mit einer Freundin zu trinken, schürt unangenehme Gefühle und scheint unvorstellbar. Oft lassen sich die Gedanken und Gefühle als eine Art Verrat bezeichnen. Sie sind allgegenwärtig und verstärken die fehlende Perspektive auf die eigene Zukunft.

Mit jedem Verlust, den wir als Mensch erleben, kann sich die Trauer verstärken. In diesem Fall spricht man davon, dass sich Trauer summiert. Wir erleben dann einen Teil der Trauer aus einem vorangegangenen Todesfall erneut. Gerade wenn innerhalb kürzester Zeit mehrere Todesfälle im engen Umfeld auftreten, kann dies eine enorme Belastung für die Hinterbliebenen sein. Was für Viele von uns unvorstellbar ist, reißt immer wieder Menschen brutal aus dem Leben.

Wenn hier von „innerhalb kürzester Zeit" die Rede ist, meine ich damit auch Zeiträume von zwei bis drei Jahren.

Ich erlebe es immer wieder, dass manchmal das Schicksal erbarmungslos zuschlägt und Menschen liebe Angehörige kurz hintereinander verlieren. Eine absolute Ausnahmesituation für uns Menschen.

Auch körperliche Beschwerden können in der Trauer vorhanden sein und sollten im Zweifelsfall immer ärztlich abgeklärt werden.

Diese Phase der Trauer geht sehr oft mit einem Rückzug einher, bei dem sich Trauernde von Freunden und Bekannten zurückziehen.

Akzeptanz

Den Verlust zu akzeptieren, wird als letzte Phase der Trauer verstanden. Wir haben unser neues Leben ohne den geliebten Menschen an unserer Seite angenommen. Der Tod des nahestehenden Menschen wird in unseren Alltag integriert.

Die traurigen Emotionen werden meist weniger bei den Gedanken und Erinnerungen an den Verstorbenen. Wir können uns nun auch mitunter neuen Beziehungen und einer neuen Zukunft öffnen.

Wenn wir uns Erinnerungen aus glücklichen Tagen anschauen, wird sich in dieser Phase mehr und mehr ein Gefühl von Dankbarkeit einstellen. Wir sind dankbar für das, was wir gemeinsam mit dem Verstorbenen erlebt haben. Das Gefühl der tiefen Trauer ist nicht mehr vorherrschend.

Trotz allem wird auch in dieser Phase und im Leben, welches nun begonnen hat, der verstorbene Mensch immer einen besonderen Platz innehaben. Wir haben unser Leben mit ihm auf eine neue Weise begonnen.

Jeder Verlust kann auch dazu führen, dass wir resilienter, also widerstandsfähiger werden, wodurch weitere Todesfälle vielleicht auch besser akzeptiert werden können.

Durch das Akzeptieren des Verlustes ermöglichen wir uns selbst, wieder zu leben und wieder Mensch zu sein.

„Das größte Geschenk,
dass du jemandem geben kannst,
ist bedingungslose Liebe und Akzeptanz.“

Brian Tracy

Ursachen für Trauer

Traurigkeit gehört beim Menschen zu den grundlegenden Gefühlen, die wir empfinden können. Immer dann, wenn wir von etwas Abschied nehmen müssen, das wir sehr geliebt haben, erleben wir Trauer. Das Gefühl der Trauer ist eine sehr starke Emotion, die nicht nur auf den Verlust eines Menschen durch Tod beschränkt sein muss. Auch der Tod eines geliebten Haustieres oder die Trennung vom Partner können Trauer auslösen. Selbst wenn wir umziehen und ein liebgewonnenes Umfeld verlassen, können wir Trauer empfinden. Es gibt Menschen, die ein über Jahre gepflegtes Fahrzeug verschrotten müssen und dadurch eine tiefe Traurigkeit empfinden.

Der Tod ist die wohl deutlichste Ursache für Trauer. Dass wir nach einem solchen Verlust trauern, wird wohl kaum angezweifelt. Oft stellt sich der Trauernde selbst die Frage, ob seine Traurigkeit bei einzelnen Verlusten angemessen ist. Dieses zu beurteilen, liegt allein im Ermessen des Menschen, der den Verlust erlitten hat.

Stellen wir uns vor: Eine alleinstehende Frau oder ein alleinstehender Mann hat sein geliebtes Haustier durch Tod verloren. Es gibt keine weiteren Angehörigen. Wer könnte nun beurteilen, ob diese Hinterbliebenen weniger Trauer empfinden dürfen als beispielsweise der Ehemann, der seine Ehefrau nach 40 Jahren Ehe verloren hat, aber noch seine Kinder um sich herum weiß? Niemand kann dies beurteilen, denn jeder Verlust ist auf seine Weise für einen Menschen ein tiefgreifendes emotionales Erlebnis. Es darf keinesfalls zu einem Abwägen kommen, welcher Verlust über einem anderen zu stehen hat.

Ein Verlust ist immer einzigartig. Selbst ein Mensch, der schon viele Verluste erleiden musste, wird jedes Mal wieder neu vor Herausforderungen für seine Gefühle und seinen Alltag gestellt. Die Orientierung im Alltag kann in der Trauer schon etwas durcheinander gekommen sein.

Ich schrieb bereits, dass man vielfach auch feststellen kann, dass sich Trauer summiert. Jeder neue Verlust wühlt auch wieder immer ein bisschen von dem oder den vorangegangenen Verlusten auf.

Nicht verarbeitete Erlebnisse aus vorangegangenen Trauererlebnissen führen dann oftmals zu einem erneuten Aufbrechen von Emotionen. Genau aus diesem Grund ist ein bewusster Umgang mit der eigenen Trauer auch wichtig. Je schlechter wir den einzelnen Verlust durchlebt und verarbeitet haben, desto schwieriger kann ein weiterer Verlust sein. Vorwürfe und Schuldzuweisungen können nun auch wieder verstärkt auftreten.

Der offene und respektvolle Umgang eines Menschen mit seiner Trauer, sowie das bewusste Erleben der damit verbundenen Gefühle sind wichtig und es sollte für jeden Menschen in unserer Gesellschaft möglich sein, seine Trauer zeigen und ausleben zu dürfen.

Doch wieso fällt es vielen Trauernden so schwer, ihre Trauer auch zu zeigen? Welche Einflüsse hat unsere Gesellschaft und wieso ist der Tod noch ein Tabuthema?

Trauer früher und heute

Die Trauer veränderte sich im Laufe der Jahrhunderte und passte sich dem allgemeinen Zeitgeschehen an. War der Tod und die damit verbundene Trauer lange Zeit ein regelrechter Begleiter der Menschen und deren Bewusstsein, rückte er mit zunehmendem medizinischem Fortschritt immer mehr in den Hintergrund. Unsere Lebenserwartung stieg stetig und sowohl Medikamente als auch die medizinische Versorgung verbesserten die Überlebenschancen in unserer Gesellschaft.

Zusätzlich war auch der Glaube an Gott weit verbreitet und der Tod der Tod wurde damals, im Vergleich zu heute, deutlich häufiger als der Wille Gottes betrachtet. Es gibt natürlich viele Länder auf der Erde, in denen es heute immer noch so ist. Dort haben etablierte Rituale um den Tod und die Trauer seit jeher eine große Bedeutung.

Der Umgang mit Verstorbenen wandelte sich im Laufe der Jahre ebenfalls. Wie selbstverständlich galt es über viele Jahrhunderte, den Verstorbenen noch einige Tage Zuhause aufzubahren. Im Kreise der Familie nahmen Angehörige, Freunde und Nachbarn Abschied. Kinder spielten sogar um den Verstorbenen herum, ohne dass dies als außergewöhnlich angesehen wurde. Zur damaligen Zeit war dies völlig normal.

Heute betrachten viele Menschen den Tod als Hindernis in ihrem eigenen Alltag. Der Verstorbene soll schnellstmöglich aus dem Haus geholt werden. Die Bestattung soll in den meisten Fällen ohne große Trauergesellschaft ablaufen. Viele wünschen sich, so schnell wie möglich wieder in ihren Alltag zurückzufinden. Die Anzahl der Kirchenaustritte in den letzten Jahren zeigt zudem deutlich, dass auch der Glaube bei vielen Menschen nicht mehr so präsent ist, wie es früher der Fall war.

Unser Umfeld während der Trauer

Nicht nur unsere eigenen Gefühle spielen bei unserer Trauer eine entscheidende Rolle. Auch unser Umfeld ist Teil unseres Lebens und ist sowohl in freudigen als auch traurigen Ereignissen an unserer Seite. Dies kann natürlich sehr wichtig sein, stellt aber auch in einigen Fällen eine zusätzliche Belastung im Trauerprozess dar.

Falls der Hinterbliebene noch einen Partner und Kinder hat, kommen diesen noch einmal eine besondere Bedeutung zu. Auch beim Verlust eines Kindes wird eine Partnerschaft in vielen Fällen enorm belastet.

In den nächsten Kapiteln gehe ich noch einmal explizit auf die unterschiedlichen Beziehungsebenen ein, die unsere Trauer beeinflussen können.

Diese Einflüsse können mehr oder weniger stark ausgeprägt sein. Von Ignoranz bis Bevormundung ist so ziemlich alles möglich, wie unser Umfeld auf unsere eigene Trauer einwirken kann.

Familie und Partnerschaft

Die Familie ist unser Anker in stürmischen Zeiten und unser Partner ein Zufluchtsort, an dem wir uns fallenlassen können. Auch in der Trauer ist unsere Familie entscheidend, denn wir können dort weinen, Gespräche führen und uns der Trauer hingeben. Dieses Bild der heilen Welt, um es einmal etwas provokativer zu formulieren, hat aber in der Trauer manchmal keinen Bestand.

Es hängt natürlich viel davon ab, wer verstorben ist und wie das Verhältnis des jeweiligen Familienmitglieds zum Verstorbenen war, doch Konflikte zwischen Ehepartnern oder Eltern und Kindern lassen sich nicht immer vermeiden. Insbesondere dann, wenn die Partner oder Eltern kein Verständnis für den individuellen Umgang des Einzelnen mit der Trauer aufbringen, kann das schnell zu Problemen führen.

Kinder trauern in der Regel anders als Erwachsene. Aus diesem Grund sollten Kinder auch immer eine auf Kinder angepasste und spezialisierte Trauerbegleitung erhalten, wenn dies erforderlich ist.

Aber selbst der Partner, den wir als den beschriebenen Zufluchtsort sehen, kann in der Trauer plötzlich nicht mehr als solcher vorhanden sein. Was, wenn der Partner selbst gestorben ist und man keine Familie mehr hat? Oft beschreiben Trauernde diesen Verlust nicht nur als den Verlust des Partners, sondern auch als den Verlust des besten Freundes. Die Gespräche, die man in schwierigen Lebenslagen führte und über die man gemeinsam zu einer Lösung kam, können von einem Augenblick auf den anderen nicht mehr geführt werden. Ein Mensch ist von einer Sekunde auf die nächste alleine im Leben. Das Leben ist nicht mehr das, was es vorher war.

Auch dann, wenn unser Partner an unserer Seite ist, wird man gezwungenermaßen feststellen, dass auch innerhalb der Partnerschaft jede Trauer verschieden ist.

Nicht nur der Trauernde hat eigene Gefühle und Gedanken zum Verlust, sondern die Beziehung des Verstorbenen spielt eine wichtige Rolle. So kann die Trauer um die Großmutter der Partnerin oder des Partners eine andere Trauer in einem Menschen auslösen als die Trauer um das eigene Kind.

Es kommt nicht selten vor, dass Partner während der Trauer nicht miteinander sprechen und sich auch nicht ihre Gefühle mitteilen. Während ein Partner seiner Arbeit nachgeht und darin den Schmerz der Trauer nicht so intensiv zu spüren glaubt, bleibt der andere Partner vielleicht Zuhause und verkriecht sich dort, um nur nicht auf den Verlust angesprochen zu werden.

Jede dieser Verhaltensweisen hat seine Berechtigung, denn die betreffende Person fühlt sich im jeweiligen Augenblick damit gut. Für die Partnerschaft jedoch kann dies schnell zu einem Ungleichgewicht führen, wenn beide Partner es im weiteren Verlauf nicht schaffen, zueinander zu finden und wieder miteinander zu sprechen.

Das Unverständnis für das jeweilige Verhalten des Partners ist oft ursächlich für Beziehungsprobleme während der Trauer, die sogar einer Partnerschaft langfristig schaden können.

Je offener die Kommunikation und je größer das Verständnis für die persönliche Trauer eines Menschen ist, desto besser können Partnerschaften den Herausforderungen standhalten.

Wie dünn das Drahtseil der Trauer innerhalb einer Partnerschaft oder Familie sein kann, wird auch dann deutlich, wenn ein Partner besonders gerne über seine Trauer und den Verlust insgesamt sprechen möchte, aber der andere Partner oder ein Familienmitglied gerade überhaupt kein Bedürfnis hat, zu reden.

Hier spielt das Verständnis wieder eine entscheidende Rolle, denn ansonsten könnte das Gefühl aufkommen, man würde unter Druck gesetzt, reden zu müssen. Der nächste Konflikt ist vorprogrammiert.

Wie bereits erwähnt, ist der Verlust des eigenen Kindes eine besondere Situation für eine Partnerschaft und die gesamte Familie.

Ein wesentlicher Teil der Familie wird plötzlich durch den Tod herausgebrochen und stellt nicht nur Eltern, sondern auch Geschwister, Großeltern und das gesamte Umfeld vor enorme Herausforderungen.

Der Verlust eines Familienmitglieds ist kein kurzfristiger Prozess, sondern kann auch weitreichende Folgen für jedes einzelne Familienmitglied haben. Eine Familie lässt sich gut mit einem Mobile vergleichen, bei dem jedes Mitglied der Familie seinen festen Platz hat und das Mobile dadurch im Gleichgewicht bleibt. Dieses fragile Konstrukt wird nun durch den Tod eines Angehörigen innerhalb der Familie auf eine harte Probe gestellt. Besonders bei engsten Familienangehörigen wird dies extrem deutlich. Die verstorbene Person stellt also in unserem Beispiel eine Figur im Mobile dar, die nun fehlt. Das Mobile kommt folglich aus dem Gleichgewicht und hängt schief.

Die Trauer um den geliebten Menschen führt nun für jedes einzelne Familienmitglied unweigerlich dazu, dass es einen etwas anderen Platz in der Familie einnimmt und dadurch das Mobile wieder ins Gleichgewicht findet.

Es ist also ein langsames Hin- und Herbewegen jeder einzelnen Person in der Familie. Man geht aufeinander zu und bewegt sich auch wieder voneinander weg. Mit der Zeit findet jeder einen neuen Platz und das Mobile ist wieder im Gleichgewicht.

Durch die Probleme, die durch eventuell fehlendes Verständnis der Partner untereinander auftreten können, kann das Mobile aber auch vollkommen aus dem Gleichgewicht geraten. Im schlimmsten Fall führt das dazu, dass es zerstört wird, also eine Familie auch durch den Verlust keine gemeinsame Zukunft findet. Leider ist dies keine Seltenheit.

Der Umgang mit Trauer erfordert gegenseitige Rücksichtnahme und Freiräume.

In Kombination mit offenen Gesprächen und dem Zulassen der eigenen Emotionen, ist es möglich, als Familie auch in diesen schweren Zeiten zusammenzuhalten.

„Unsere lieben Toten sind nicht gestorben,
sie haben nur aufgehört, sterblich zu sein.“

Ottokar Kernstock

Der Freundeskreis

Während unserer Trauer kann der Freundeskreis ein wichtiger Bezugspunkt sein. Freundschaften, die seit vielen Jahren oder Jahrzehnten bestehen, sind gerade in schweren Zeiten oder Lebenskrisen oft ein wichtiger Rückhalt. In gewohntem Umfeld und mit lieben Menschen an unserer Seite kann so manche Krise leichter durchgestanden werden. Doch gerade die Trauer stellt nicht selten auch für Freundschaften eine Belastungsprobe dar.

Die beste Freundin steht vor Ihnen und weiß nicht mehr, was sie zu Ihnen sagen soll. Der beste Kumpel fragt Sie gar nicht mehr, wie es Ihnen geht. Die Nachbarn wechseln die Straßenseite, wenn sie Ihnen entgegenlaufen. Keine Seltenheiten, wenn es um Trauer und Verlust geht.

Gleichermaßen will aber auch nicht jeder Trauernde offen über seine Gefühle sprechen. Gerade nach dem ersten Schock und einige Zeit nach der Beerdigung hat man vielleicht eher das Bedürfnis, alleine zu sein.

Viele Trauernde wollen niemanden mit ihren Gefühlen belasten und versuchen, den Verlust alleine mit sich auszumachen. Unfreiwillig kommt es oft zu einem manchmal auch nur vorübergehenden Bruch der Freundschaft. Auch hierbei spielt die fehlende Kommunikation eine wichtige Rolle. Wenn sowohl Trauernde als auch Freunde offen miteinander sprechen, lassen sich Unstimmigkeiten von Beginn an vermeiden.

„Ich kann gerade nicht sprechen.", könnte eine ganz einfache, aber auch hilfreiche Aussage eines Trauernden sein, wenn sie oder er sich auf Nachfrage der Freunde nicht bereit fühlt, über die Trauer zu sprechen. Aber auch die Freunde können ganz gezielt nachfragen, was sich die trauernde Person wünscht und wie sie helfen können. Oftmals ignorieren beide Seiten Anrufe oder antworten nicht auf Nachrichten, um die Personen gegenüber nicht zu verletzen. Kommt es nicht irgendwann zu einer Aussprache, kann eine Freundschaft daran zerbrechen.

Manchmal spielt auch die eigene Angst vor dem Tod eine nicht zu vernachlässigende Rolle, wenn Trauer keinen Platz in einer Freundschaft hat. Wenn in unserem Umfeld ein Mensch stirbt, führt das auch sehr häufig zur Auseinandersetzung mit der eigenen Verlustangst.

Gedanken über den Tod des eigenen Partners, der Mutter oder sogar des Kindes, sind plötzlich allgegenwärtig. Es ist nun ein Thema im Freundeskreis angekommen, mit dem man sich nicht beschäftigen möchte. Über Tod und Verlust spricht man nicht gerne, auch nicht unter Freunden. Der Tod ist leider noch immer nicht gesellschaftsfähig, wenngleich sich doch in den letzten Jahren einiges geändert hat.

Freundschaften können durch einen Trauerfall zerbrechen. Aber auch neue Freundschaften können entstehen, ohne dass dies zwangsläufig auf die Teilnahme an Trauergruppen oder Ähnlichem zurückzuführen ist.

Eine zufällige Begegnung beim Einkaufen oder auf dem Friedhof kann der Beginn einer neuen Freundschaft sein, in der auch die Trauer offen besprochen werden kann.

Das, was mit der besten Freundin oder dem Kumpel wochenlang oder sogar über Monate hinweg undenkbar war, findet nun in dieser Begegnung eine neue Offenheit. Lange Zeit war es nicht möglich, über Gefühle und den Verlust zu sprechen. Jetzt kann ohne schlechtes Gewissen erzählt werden, was geschah und wie man sich fühlt.

Trauer kann unseren Freundeskreis durcheinander wirbeln. Trotzdem ist es wichtig, dass wir nach der Verarbeitung des Trauerfalls auch wieder offen für unsere zurückliegenden Freundschaften sind. Wenn unser einstiger bester Kumpel nach Jahren wieder vor unserer Tür steht, lohnt es sich möglicherweise, die damalige Situation von beiden Seiten zu betrachten. Trauer kann Menschen verändern, was aber nicht dauerhaft sein muss.

"Freundschaft ist eine Tür zwischen zwei Menschen.
Sie kann manchmal klemmen, sie kann knarren,
aber sie ist nie verschlossen."

Jochen Mariss

Das Arbeitsumfeld

Unsere Arbeit ist für unseren Alltag und unser Überleben enorm wichtig, denn sie sichert unseren Lebensstandard. In Krisenzeiten zeigt sich oft aber ein ähnliches Verhalten unserer Kolleginnen und Kollegen oder sogar unserer Chefs, wie wir es von Freunden und Familie eventuell schon kennen. Unsicherheit des Umfelds und nach einiger Zeit auch Unverständnis für die intensive Trauerphase werden Teil der Gespräche. „Sie trauern jetzt schon seit zwei Wochen, aber nun wäre es mal wieder an der Zeit, sich auf die Arbeit zu konzentrieren!" Solche oder ähnliche Sätze hören trauernde Arbeitnehmer immer mal wieder. In manchen Situationen ist es der Arbeitgeber und ein anderes Mal sind es die Kolleginnen und Kollegen, die ihre Trauer nicht verstehen können.

Auch das eigene Empfinden gegenüber Arbeitskollegen und sogar Kunden kann schnell zu Konfrontationen führen, wenn man möglicherweise nichts von seiner Trauer erzählt.

Andererseits stellt sich hier auch immer die Frage, wem man etwas erzählt und wie detailliert man gewisse Sachen ausführt. Der Arbeitsplatz und die Kollegen sind ja auch streng genommen keine Trauergruppe.

Kaum ein Arbeitnehmer kann sich unbegrenzte Zeit für seine Trauer nehmen. Sonderurlaub für Sterbefälle in der Familie ist knapp und kann meistens nur für die Vorbereitung und den Tag der Beerdigung genutzt werden. Einem Trauernden hilft es, schnell wieder zu arbeiten, während ein anderer länger benötigt, um in das gewohnte Umfeld zurückzukommen.

Immer wieder erlebe ich in den Gesprächen mit Klientinnen und Klienten, dass die Trauer einfach zu kurz kam und der Alltag mit voller Wucht zu schnell wieder Einzug gehalten hat. Es ist aber natürlich für viele Arbeitnehmer kaum möglich, für die Trauer beispielsweise ein ganzes Jahr Zuhause zu bleiben. Doch es gibt natürlich auch Menschen, für die genau dieser Alltag aber sehr hilfreich ist. Sie erleben eine Konstanz und fühlen sich in den gewohnten Tätigkeiten aufgefangen.

Zu welcher Personengruppe Sie auch immer gehören, der offene Umgang mit der Trauer kann dafür sorgen, dass Unstimmigkeiten im beruflichen Umfeld vermieden werden. Besonders die engsten Kolleginnen und Kollegen wissen dann, warum man so reagiert, wie man reagiert. Es gibt aber glücklicherweise auch eine Zeit nach dem beruflichen Alltag und genau dort sollte man sich Freiräume zum Trauern schaffen, um eben die eigene Trauer nicht zu verdrängen.

„Das Mitgefühl macht aus uns
eine wunderbare Gemeinschaft."

David Garrick

Gutgemeinte Ratschläge

„Du hast jetzt mal lange genug getrauert."

„Du musst nach vorne schauen."

„Du musst loslassen."

„Er war doch schon alt."

„Wie lange willst du noch so weitermachen?"

Diese Liste könnte man vermutlich noch über viele Seiten immer weiter fortschreiben. Gute Ratschläge von Freunden, von Familienmitgliedern, aus dem Arbeitsumfeld oder sogar von fremden Menschen kennt wohl jeder trauernde Mensch.

Alle diese Ratschläge haben eines gemeinsam: Sie treffen den Trauernden mitten ins Herz. Der Schmerz der Trauer ist allgegenwärtig und sitzt tief. Deshalb werden solche Ratschläge von vielen Trauernden mit Unverständnis aufgenommen.

Oftmals wünscht sich ein trauernder Mensch einfach jemanden an seiner Seite, der ihm zuhört oder ihn einfach in den Arm nimmt.

Doch selbst das ist nicht immer gleich, denn was einem trauernden Menschen durch seine Umwelt helfen kann, weiß nur er alleine. Eine offene Kommunikation ist auch hierbei sehr wichtig. Umso bedeutender ist es auch für das Umfeld, dass Grenzen gesetzt werden, wenn wir uns von den Ratschlägen zusätzlich belastet fühlen. Das Gefühlschaos, das einem trauernden Menschen innewohnt, ist nicht von außen zu erkennen. Auch die Bedürfnisse trauernder Menschen sind derart unterschiedlich, dass es häufig zu Missverständnissen kommt.

Mit klaren Aussagen und Grenzen können Angehörige, die um einen geliebten Menschen trauern, frühzeitig aufzeigen, was sie möchten und was nicht.

Ratschläge sind allerdings von vielen Trauernden nicht gewünscht, auch wenn sie häufig mit guten Wünschen ausgesprochen werden.

Viele Menschen machen sich Sorgen und wünschen sich, dass wir trotz der Trauer wieder auf die Beine kommen. Sie meinen es nur gut, wenn Sie Ratschläge geben. In meinen Gesprächen erlebe ich oft Menschen, die sich von solchen gutgemeinten Ratschlägen sehr verletzt fühlen.

Diese Ratschläge helfen einem trauernden Menschen meist nicht und verstärken sogar das Gefühl von Unverständnis durch Außenstehende.

Doch wie sollten wir uns verhalten, wenn wir einen trauernden Menschen in unserem Umfeld haben?

Ein Patentrezept gibt es nicht. Im Zweifelsfall kann man erst einmal den trauernden Menschen in den Arm nehmen und damit signalisieren, dass man für ihn da ist. Auch eine offene Frage, wie man helfen kann, schadet nicht. Schon aus Respekt vor der jeweiligen Situation sollte man vermeiden, seine eigenen Erfahrungen mit Verlusten auf den Trauernden zu projizieren und versuchen, ihn von einer bestimmten Vorgehensweise der Trauer zu überzeugen.

Eine falsche Trauer gibt es nicht und Empathie spielt eine wesentlich größere Rolle als Ratschläge, die nicht selten dazu führen, dass wir uns als Trauernder noch mehr verletzt und unverstanden fühlen.

„Ratschläge geben meist diejenigen,
die nicht betroffen sind.“

Georg-Wilhelm Exler

Die andere Trauer vieler Männer

Wenn Männer trauern, kommen leider noch allzu oft gängige Glaubenssätze zum männlichen Geschlecht hinzu und mischen sich unter die Trauer. „Ein Mann ist stark." „Ein Mann darf nicht weinen." „Ein Mann geht damit doch leichter um als eine Frau."

Das alles hat sich über viele Jahrzehnte nahezu gefestigt. Glücklicherweise hat sich das Bild aber auch zu einer gegenteiligen Sichtweise verändert. Besonders in der Trauer ist es für Männer genauso wichtig wie für Frauen, zu ihrer Trauer zu stehen und sie zuzulassen.

Männer, die vielleicht ihre Ehepartnerin verloren haben oder Väter, die um ihr Kind trauern, empfinden auch diese starken Gefühle der Trauer. Doch warum widme ich diesem Thema ein eigenes Kapitel?

Leider sehe ich immer wieder in unserer Gesellschaft und in meinen Gesprächen, dass Männer sich für ihre eigene Trauer teilweise sogar schämen.

Sie wollen eine Unterstützung für die Partnerin oder die Kinder sein und vergessen dabei ihre eigenen Bedürfnisse. Oft werden Gefühle nicht wahrgenommen oder sogar bewusst unterdrückt.

Es kann gelingen, seine Trauer und seine Gefühle mit sich selbst auszumachen, aber manchmal erleben trauernde Männer einige Zeit später ein böses Erwachen und benötigen sehr oft professionelle Hilfe, um über den Verlust hinwegzukommen. Bei Frauen kann dies genauso der Fall sein, jedoch ist die bereits angesprochene Scham manchmal ein großes Hindernis für einen Mann, offen seine Gefühle zu zeigen.

Evolutionsbedingt sieht sich der Mann naturgemäß als das starke Geschlecht und will schon gar nicht in der Öffentlichkeit seine Emotionen zeigen. Selbst die Erziehung im Kindesalter kann eine wesentliche Rolle bei der Verarbeitung von Trauer spielen. Wenn Eltern ihrem Sohn als Teil der Erziehung mitgegeben haben, dass Weinen für einen Mann nicht gut ist, wird das als Glaubenssatz auch im Erwachsenenalter noch mitbestimmend sein.

Doch auch ein Mann soll zu seiner Trauer und seinen Gefühlen stehen. Nur mit der durchlebten Trauer ist es uns möglich, das Unvermeidliche und das Endgültige annehmen zu können.

Die Trauer macht keine Unterschiede beim Geschlecht und es sollte jedem Menschen zugestanden werden, seine Trauer zu leben.

Erfahrungsgemäß fällt es trauernden Männern manchmal leichter, sich im Umfeld von anderen hinterbliebenen Männern zu öffnen. Spezielle Trauergruppen oder gemeinsame Unternehmungen, wie Wandern oder ein Trauerstammtisch, sind nur zwei Beispiele, wie Männer gezielt angesprochen werden können, um die eigene Trauer zuzulassen.

*"Man kann nicht immer ein Held sein,
aber man kann immer ein Mann sein."*

Johann Wolfgang von Goethe

Orte der Trauer und Freiräume

Ein weiterer wichtiger Aspekt, den Verlust annehmen und verarbeiten zu können, ist es, einen Ort der Trauer zu haben. Früher war dies etwas einfacher, da der Friedhof als der zentrale Ort für Bestattungen galt. Heutzutage gibt es viele Möglichkeiten und Bestattungsformen, die nicht immer ein Grab benötigen. Für Angehörige bedeutet das, eben nicht zum Friedhof zu gehen, um dort zu trauern. Dennoch ist es auch ein deutliches Zeichen dafür, dass sich unsere Gesellschaft offener dem Thema Sterben und Trauern gegenüberstellt.

Ein Ort der Trauer kann für einen Hinterbliebenen aber eine große Bedeutung haben, denn dort kann im stressigen Alltag innegehalten und dem Verstorbenen gedacht werden. Der oft so durchgeplante und ausgefüllte Tagesablauf lässt Trauer häufig zu kurz kommen. Wir nehmen uns unter Umständen auch gar nicht die Zeit für die Trauer, die aber so wichtig wäre. Durch einen Ort der Trauer kann der Verlust für die wichtige Verarbeitung wieder vor Augen geführt werden.

Friedhöfe sind, wie bereits erwähnt, das Sinnbild für die Trauer eines Menschen und für den Ort, an dem getrauert werden kann. Manche Menschen sehen aber auch den Friedhof gar nicht als den Ort ihrer Trauer. Es ist sehr unterschiedlich, wie wir damit umgehen.

Gerade auch dann, wenn kein Grab vorhanden ist, gibt es diesen Ort der Trauer auf einem Friedhof nicht. Vielleicht hat sich der Verstorbene schon zu Lebzeiten bewusst gegen eine Erdbestattung entschieden. Doch welche Möglichkeiten können sich Trauernde stattdessen schaffen?

Der eigenen Fantasie sind dabei kaum Grenzen gesetzt. Für einige Trauernde reicht schon eine Ecke in einem Zimmer, in der ein Foto des Verstorbenen und eine Kerze stehen. Wieder andere stellen eine Kiste mit den wichtigsten Erinnerungsstücken zusammen. Auch eine Stelle im Garten oder eine Bank in einem Park können für die Hinterbliebenen einen Bezugspunkt darstellen. An diesen Orten fühlt man sich gedanklich und emotional dem Verstorbenen besonders nah und kann sich bewusst mit dem Verlust beschäftigen.

Genauso wichtig wie der räumliche Ort der Trauer kann es sein, sich zeitliche Freiräume einzurichten, in denen bewusst getrauert wird. Insbesondere dann, wenn auch kein Ort der Trauer vorhanden ist, können kleine bewusste Pausen hilfreich sein. Ein Fotoalbum mit Erinnerungen oder ein gemeinsames Lieblingslied können diese bewusste Zeit zum Trauern unterstützen.

Ich halte es immer für wichtig, das Umfeld auch direkt in die Gestaltung der eigenen Trauer einzubeziehen und darüber zu informieren, wie man etwas gestaltet. In Familien sollten alle Familienmitglieder wissen, in welchen Situationen man vielleicht bewusst alleine sein möchte. Im Gegensatz dazu können auch gemeinsame Trauerrituale eingerichtet werden. Sprechen Sie es offen an.

In bewusst geschaffenen Freiräumen kann es einigen Menschen helfen, ihre Gefühle aufzuschreiben oder auf eine Leinwand zu bringen. Wieder andere basteln kleine Dinge, die sie mit dem Verstorbenen in Verbindung bringen, oder schreiben Gedichte.

Alles, was in dieser Zeit für die Seele heilsam sein kann, sollte versucht werden, wenn man sich dazu bereit fühlt. Hierauf gehe ich später noch einmal ein.

Grundsätzlich sind Ihnen bei der Ausgestaltung Ihres persönlichen Trauerortes kaum Grenzen gesetzt. Besonders bei Kindergräbern kann es für die Eltern sehr wichtig sein, das Grab individuell zu gestalten und auch vorhandene Geschwister in die Gestaltung einzubeziehen. Alles, was den Eltern und Geschwistern sozusagen noch bleibt, ist die Dekoration der letzten Ruhestätte des verstorbenen Kindes. Feiertage und wichtige Gedenktage können hierbei auch berücksichtigt werden. Ein liebevoll gestaltetes Grab in freundlichen und hellen Farben kann auch die Sichtweise anderer Kinder im Umgang mit dem Tod verändern. Sterben und Tod müssen nicht immer düster und schwarz sein. Ein buntes Kindergrab spiegelt eine unendliche Liebe auf besondere Weise wider.

Vorgaben einzelner Friedhöfe müssen aber geprüft und berücksichtigt werden. Sprechen Sie im Zweifelsfall mit der zuständigen Friedhofsverwaltung.

Zuhause können sie sich sehr individuell immer einen eigenen oder zusätzlichen Ort der Trauer schaffen.

„Man muss sich hüten,

in den Erinnerungen zu wühlen,

sich ihnen auszuliefern,

wie man auch ein kostbares Geschenk

nicht immerfort betrachtet,

sondern nur zu besonderen Stunden

und es sonst nur wie einen verborgenen Schatz,

dessen man sich gewiss ist, besitzt;

dann geht eine dauernde Freude und Kraft

von dem Vergangenen aus."

Dietrich Bonhoeffer

Die Farben der Trauer

Wie schon in einem vorherigen Kapitel angesprochen, veränderte sich der Umgang mit Tod und Trauer in unserer Gesellschaft recht deutlich. Neue Formen der Bestattung, die in den letzten Jahren zur Normalität wurden, finden teilweise sogar ganz ohne Trauerfeier statt. Die Orte der Trauer verändern sich und auch die damit in Verbindung stehende Farbe Schwarz verliert in einigen Fällen an Bedeutung.

Trugen Hinterbliebene früher ein Jahr lang schwarze Kleidung, um ihre Trauer zu zeigen, wurde man im Laufe der Jahre auch hier offener für Neues.

Nannte man bis vor einigen Jahren die Verabschiedung größtenteils noch fast ausschließlich Trauerfeier, setzt sich mehr und mehr der Begriff der Lebensfeier immer öfter durch. Der Hintergrund ist offensichtlich. Die Verabschiedung des Verstorbenen soll nicht im Zeichen der Trauer, sondern im bewussten Erinnern an das Leben des Verstorbenen stehen.

Bei den Lebensfeiern spielen vermehrt helle und freundliche Farben, die Lieblingsmusik des Verstorbenen oder auch lustige Anekdoten an das gemeinsame Leben eine neue Rolle. Bunte Farben anstelle tristem Schwarz werden heutzutage oft auf Lebensfeiern gesehen.

Bunt bemalte Särge, die in der Familie durch Kinder und Enkelkinder verziert wurden und aufsteigende Luftballons gehören zu weit mehr Lebensfeiern, als man denken könnte. Nicht nur Kinderbestattungen werden bunt gestaltet. Viele Menschen wünschen sich ihre eigene Bestattung lebhaft und bunt.

Wer kennt es nicht, wenn sich Menschen im persönlichen Umfeld dafür aussprechen, dass auf ihrer eigenen Beerdigung nicht geweint, sondern getanzt werden soll? Für einige schwer vorstellbar, aber auch für die Hinterbliebenen kann dies eine tröstliche Wahrnehmung haben, wenngleich die Meinungen natürlich stark auseinandergehen.

Vorwürfe

In der menschlichen Trauer sind Vorwürfe sehr häufig vorhanden. Fast jeder kennt Situationen, in denen man sich selbst oder anderen Vorwürfe macht. Es gibt viele trauernde Menschen, bei denen genau diese Vorwürfe immer und immer wieder aufkommen. Die Art des Vorwurfs ist dabei unterschiedlich.

Manchmal wirft man sich vor, dass man etwas übersehen hat, oder dass man den Verstorbenen nicht retten konnte. Der Vater, der seinen Sohn durch einen Autounfall verloren hat, macht sich vielleicht den Vorwurf, dass er ihm an diesem Tag das Auto gegeben hat. Der Ehemann, dessen Frau plötzlich verstarb, macht sich mitunter Vorwürfe, dass er ihr zu selten gesagt hat, dass er sie liebt.

Welcher Vorwurf einen trauernden Menschen begleitet, ist nicht das Entscheidende. Die Tatsache, dass man sich Vorwürfe macht, kann sich allgemein negativ auf den Trauerprozess auswirken.

Ich vergleiche einen Vorwurf gerne mit einem großen Felsbrocken, den wir immer wieder vor unsere eigenen Füße werfen. Wir werden wiederholt darüber stolpern, solange er immer wieder vor unseren Füßen landet.

Um einen Vorwurf beseitigen zu können, ist es wichtig, dass man ihn erkennt und sich bewusst ist, dass man nichts hätte verhindern können. In meinen Trauergesprächen erleben Klienten immer wieder die schicksalshaften Momente noch einmal vor Augen. Dabei erinnern sie sich bewusst an die Monate, Wochen und Tage, ja sogar Stunden vor dem Tod des geliebten Menschen. Wie ist alles abgelaufen? Was hat man selbst getan? Je mehr man sich nun mit den einzelnen Situationen beschäftigt, wird oft deutlich, dass man nichts hätte verhindern können. Das erleben viele meiner Klienten während der Gespräche.

Einen sterbenden Menschen, der sich auf seine letzte Reise begeben hat, kann niemand aufhalten. Es gibt so viele Beispiele, in denen selbst die optimalste medizinische Versorgung den Tod nicht verhindern konnte.

„Ein schwerer Vorwurf schadet, auch wenn er

leichtfertig dahingesagt worden ist.“

Publilius Syrus

Vergebung

Nachdem wir nun festgestellt haben, dass Vorwürfe uns im Trauerprozess eher hinderlich sind, kann dagegen Vergebung sehr wichtig sein. Wenn wir es schaffen, zu vergeben, lösen wir uns von schlechten Gefühlen, die wir jemandem gegenüber empfinden. Oftmals ist eine Verletzung ursächlich für dieses Empfinden. Wie können wir das nun auf unseren Trauerprozess übertragen?

Wenn wir von einer Verletzung sprechen, dann fühlen wir uns in der Trauer emotional verletzt. Dieses schmerzhafte Gefühl ist eng mit Schuld verknüpft, von der ich bereits zu Beginn des Buches etwas geschrieben habe. Ganz allgemein gesprochen geben wir also jemandem für etwas die Schuld. Wir fühlen uns von einer anderen Person verletzt.

Aus dieser Verletzung ist ein unglaublich starker Schmerz entstanden. Wir können ihn in jedem einzelnen Augenblick fühlen und haben oft Angst, dass uns der Schmerz beinahe vernichten könnte.

Besonders in der Trauer ist dieser emotionale Schmerz mit nichts zu vergleichen.

Um nun aber vergeben zu können, müssen wir uns bewusst sein, wem und warum wir vergeben wollen. Das kann nur gelingen, wenn wir uns mit unserem Schmerz auseinandersetzen und ihn nicht von uns schieben. In den Wochen und Monaten der Trauer hinterfragen wir viele Situationen und auch einzelne Menschen aus unserem Umfeld, ja sogar den Verstorbenen selbst.

Für die Verarbeitung des Verlustes kann es deshalb von großer Wichtigkeit sein, herauszufinden, wie unsere ganz persönliche Vergebung aussehen könnte.

Gibt man möglicherweise dem Verstorbenen die Schuld, gegangen zu sein, kann Vergebung dahingehend bedeutsam sein, dem vorausgegangenen Menschen zu vergeben. Richten sich die Schuldgefühle eher gegenüber dritten Personen, also beispielsweise einem Unfallfahrer, kann man auch versuchen, diesem Menschen zu vergeben.

Selbst wenn man sich selbst die Schuld gibt, vielleicht den Tod nicht verhindert zu haben, kann Vergebung für sich selbst einen wesentlichen Teil der Verarbeitung darstellen. Wir können dadurch der Akzeptanz des Verlustes einen großen Schritt näherkommen.

Stellen wir aber fest, dass wir noch nicht bereit sind, zu vergeben, sollten wir uns nicht unter Druck setzen. Vergebung ist meist ein Prozess, der mitunter einige Zeit dauert. Erzwingen kann man sie ebenfalls nicht.

Sehr häufig spielen die Vorwürfe, die ich schon thematisiert habe, eine wichtige Rolle bei der Vergebung. Und genau für diese Vorwürfe ist es sehr wichtig, dass wir vergeben. Erst wenn wir es geschafft haben, zu vergeben, können wir die Vorwürfe auflösen und sie hinter uns lassen.

In welcher Form wir vergeben, richtet sich viel nach dem eigenen Ich. Bei einem Menschen reicht es aus, gedanklich zu vergeben, während andere ganz klar und deutlich aussprechen wollen, dass sie vergeben.

Der Satz „Ich vergebe dir" kann eine sehr gehaltvolle Aussage sein und das laute Aussprechen kann dies noch einmal betonen und verdeutlichen. Ein besonderes Erlebnis aus einer Trauerbegleitung werde ich nie vergessen, als die Klientin ganz spontan „Ich vergebe mir" ausgesprochen hat, während wir über die letzten Monate aus dem Leben eines Familienmitglieds sprachen. Auch sie machte sich Vorwürfe, den Tod eines geliebten Menschen nicht verhindert zu haben.

> *„Wo Vergebung der Sünden ist,*
> *da ist auch Frieden und Seligkeit."*
>
> *Martin Luther*

Der Tod und unser Glaube

Bereits in der Bibel steht es geschrieben:

„Ich bin die Auferstehung und das Leben. Wer an mich glaubt, wird leben, auch wenn er stirbt; und jeder, der lebt und an mich glaubt, wird in Ewigkeit nicht sterben.“

Johannes 11:25-26

Der Glaube ist für viele Menschen ein enormer Halt. Während bei einigen der Glaube seit der Kindheit fester Bestandteil des Lebens ist, finden andere erst im Laufe ihres Lebens zu ihrem persönlichen Glauben. Christentum, Buddhismus oder Islam, um nur einige zu nennen, sind religiöse Überzeugungen und für einen Großteil unserer Weltbevölkerung von enormer Wichtigkeit. Wenngleich die fünf größten Weltreligionen unterschiedliche Vorstellungen davon haben, was nach dem Tod geschieht, lässt sich in ihnen aber gut erkennen, wie der Zusammenhalt trösten kann.

Wenn wir beispielhaft als Christen an ein ewiges Leben nach dem Tod an Gottes Seite glauben, kann uns dies für den Trauerprozess hilfreich sein. Die Vorstellung, dass die Seele ins Himmelreich aufgestiegen und dort unsterblich ist, spendet Trost und verhilft den Gläubigen, die Verstorbenen weiterhin als Teil ihres Lebens zu sehen.

Auch wenn Menschen sehr gläubig leben, gibt es jene, die durch einen schweren Verlust an ihrem Glauben zweifeln. Sie beginnen zu hinterfragen, welcher Gott ein solches Schicksal zulässt oder warum er den geliebten Menschen so früh zu sich gerufen hat.

Bleiben wir beim Christentum. Der Glaube daran, dass Gott die Entscheidung über Leben und Tod des geliebten Menschen getroffen hat, ist für Jemanden, der nicht gläubig ist, kaum vorstellbar.

Jeder Mensch, der in seinem Glauben Antworten auf seine Fragen findet, kann im Trauerprozess auch dadurch Schmerzlinderung erfahren.

Spiritualität im Trauerprozess

Wir haben bereits den Glauben und seine Bedeutung für den Trauerprozess angesprochen. Gleichermaßen kann auch der Spiritualität in der Trauer eine große Rolle zukommen, wenn es darum geht, einen Verlust zu verarbeiten.

In der Spiritualität geht es darum, dass jede Seele einen sogenannten Seelenplan hat, der schon lange vor unserer Geburt existiert. Darin ist unter anderem festgehalten, wann wir geboren werden, was wir bei einer Inkarnation, also dem Leben der Seele auf der Erde im lebendigen Körper, erfahren und lernen wollen. Aber auch der Zeitpunkt, wann wir die Erde wieder verlassen, ist darin enthalten. Neben dem, was das große Ziel der Seele auf Erden für die Inkarnation ist, existieren auch noch Lebensaufgaben, die unsere Seele sozusagen erledigen kann und die sie der Erfüllung des Seelenplans immer ein Stück näherbringt. Man geht auch davon aus, dass immer nur ein Seelenanteil einer übergeordneten Seele auf der Erde inkarniert, also in einen lebendigen Körper eintritt. Kein Seelenanteil inkarniert mehr als einmal.

Alle Seelen, die hier auf Erden miteinander in Verbindungen stehen, sind Teil einer Seelenfamilie.

In der Spiritualität geht man davon aus, dass jede Seele reine Energie ist und demnach auch ohne eine lebendige Hülle existieren kann. Es gibt heute sogar wissenschaftliche Forschungen, die versuchen zu analysieren und zu beweisen, dass es nach dem Tod nicht zu Ende ist. Viele Nahtoderfahrungen weisen darauf hin, dass die Seele den Körper verlassen und sich frei bewegen kann.

Der Tod ist aus Sicht der Spiritualität nur ein Übergang in eine andere Daseinsform. Der Körper, den wir für die Erfüllung unserer Lebensaufgaben und unseres Seelenplans benötigen, wird abgestreift und wir gehen in reine Energie über. Auch wenn unser Seelenplan die Rahmenbedingungen für unser Leben auf Erden beinhaltet, hat jede Seele trotzdem einen gewissen Anteil an freiem Willen und kann so den Zeitpunkt des Übergangs etwas mitbestimmen.

Man sagt, dass im Seelenplan festgehalten wird, welches Ziel ein Seelenanteil für die jeweilige Inkarnation zu erreichen hat. Dies kann möglicherweise der Umgang mit einer bestimmten Lebenssituation oder einer Krankheit sein.

Manchmal schafft es ein Seelenanteil in einer Inkarnation nicht, das gesetzte Ziel zu erreichen. Deshalb kann es vorkommen, dass genau dieses Ziel erneut Teil des Seelenplans für eine neue Inkarnation ist.

Jede Seele möchte, so beschreibt es die Spiritualität, einen vollkommenen Zustand der Liebe erreichen. Dafür ist es für die Seele wichtig, viele unterschiedliche Erfahrungen zu machen. Mit jeder Erfahrung lernt die Seele und kommt dem Ziel, die größtmögliche Liebe zu erreichen, näher. Mit der Spiritualität beschäftigen wir uns auch mit dem Sinn des Lebens. Dies kann in der Trauer helfen, Trost und Heilung zu erfahren.

Wenn es um Spiritualität in der Trauer geht, kommt man vermutlich nicht um die zahllosen Zeichen herum, von denen viele Hinterbliebene immer wieder berichten. Elektronische Geräte, die ohne Einwirkung einfach angehen. Radios spielen plötzlich ganz bestimmte Lieder, die vielleicht sogar mit dem Verstorbenen in Verbindung stehen.

Man hört oft von Menschen, dass sie sich Zeichen von ihren Liebsten wünschen, doch bisher noch keine erhalten haben. Hierfür könnte es mehrere Gründe geben. Eine zu tiefe Trauer macht es möglicherweise unmöglich, die Zeichen zu erkennen. Die Energie, die Seelen sind, schwingt auf einer sehr hohen Ebene, wie man vielfach nachlesen kann. Wenn wir trauern, befinden wir uns energetisch auf einer viel tieferen Ebene. Es könnte dadurch ein weiterer Grund vorliegen, warum keine Kommunikation über Zeichen möglich ist. Ganz grundlegend ist aber für das Erkennen von Zeichen wichtig, dass man diesen auch offen gegenübersteht.

Nur ein Mensch, der an Zeichen aus der geistigen Welt glaubt, wird diese auch als solche erkennen. Es gibt zahlreiche Bücher, die sich mit dem Thema sehr tiefgreifend beschäftigen. Dieses Kapitel sollte es nur ganz allgemein beschreiben.

„*Wirklich bedeutet im spirituellen Sprachgebrauch das, was ewig ist, unveränderlich, unzerstörbar. Das ist der eigentliche Inbegriff von «Wirklichkeit».*"

Bhagavad Gita

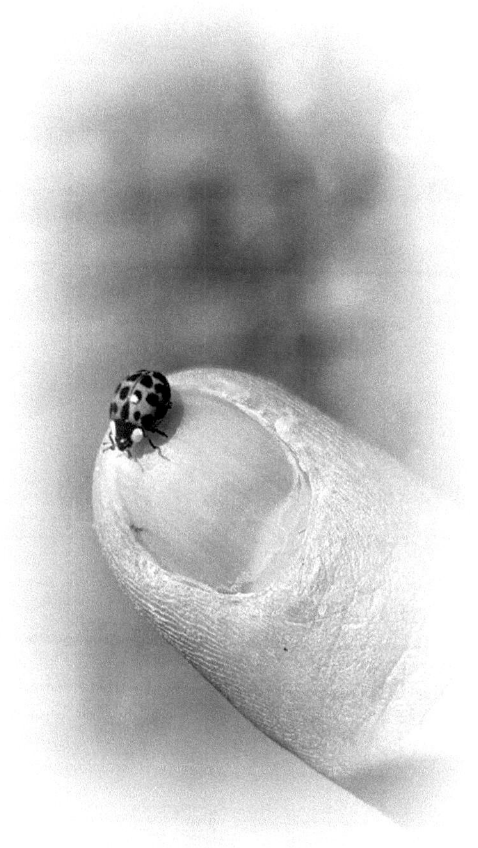

Ziele unserer Trauer

Fragen wir uns einmal, warum wir überhaupt trauern und erinnern wir uns an einige vorherige Seiten, in denen es bereits um die Ursachen unserer Trauer ging. Dabei wurde schon deutlich, dass es bei Trauer nicht nur um den Tod geht, sondern dass jeder Verlust eine Trauer auslösen kann.

Diese Trauer, die uns meistens über einen langen Zeitraum umgibt, soll uns helfen, den Verlust zu verarbeiten. Dabei kann es hilfreich sein, wenn die beschriebenen Trauerphasen durchlaufen und auch ganz bewusst erlebt werden. Die Wut, die in uns aufsteigt, wenn wir an den Verlust denken, aber auch der tiefe Schmerz, wenn wir zurückblicken, sind wichtige Teile der Trauerverarbeitung.

Wenn wir uns bewusst sind, dass in der Trauer alles möglich ist, verstehen wir, wie unterschiedlich Menschen mit dem Verlust umgehen.

Wir verlieren einen wesentlichen und wichtigen Teil unseres Lebens. Durch die tiefen Gefühle, die wir als Mensch empfinden, lässt sich das Vermissen auch nicht einfach abstellen.

Ich würde auch soweit gehen, dass es nicht nur unterschiedliche Formen und Ausprägungen der Trauer gibt, sondern dass auch jeder Mensch unterschiedliche Ziele für seinen eigenen Trauerprozess hat.

Die Trauer ist da und es liegt an uns selbst, sie mit unserem eigenen Bewusstsein zu verarbeiten.

Das Erleben der Gefühle ist von größter Bedeutung. Wenn wir verstehen, welche Auswirkungen der Verlust für uns selbst hat, können wir beginnen, unsere Trauer zu verarbeiten.

Im Wesentlichen geht es bei der Bewältigung von Trauer aus meiner Sicht darum, dass wir lernen, mit dem Verlust zu leben. Der Verlust ist Teil unseres Lebens und wir können ihn nicht einfach ausblenden.

Das ist leicht gesagt, stellt sich aber in der Realität viel schwerer dar. Zunächst wollen wir den Verlust ja gar nicht wahrhaben und annehmen, sondern wünschen uns unser „altes" Leben und den geliebten Menschen zurück.

Da ist jedoch auch die absolute Endgültigkeit, die mit dem Tod einhergeht. Das sollte zunächst im tiefsten Inneren verstanden werden. Wir erleben nach dem schrecklichen Verlust eine neue Gegenwart. Auch unsere Zukunft wird nun eine andere sein als das, was wir uns vorgestellt und gewünscht haben. Auch dies gehört unausweichlich zur Verarbeitung, denn nicht nur die geliebte Person ist nicht mehr hier, sondern die Freude auf eine glückliche Zukunft ist für viele Menschen ein Stück mitgestorben.

Ein häufiger Wunsch von trauernden Menschen ist es, nach einiger Zeit der Trauer wieder zu einer lebensbejahenden Sichtweise des eigenen Ichs zu gelangen. Sie wünschen sich, wieder eine gewisse Lebensfreude zu spüren.

Dabei ist es eine unausweichliche Tatsache, dass das Leben nie wieder so sein wird, wie es bis zum Verlust noch war. Durch den gelebten und gefühlten Trauerprozess können wir einen neuen und heilsamen Umgang mit dem Verlust erhalten. Eine gewisse Selbstverständlichkeit im Alltag, in der wir den geliebten Menschen sozusagen an unserem veränderten Leben weiter teilhaben lassen, ist möglich.

„Ein Ziel ist nicht immer dazu bestimmt,
erreicht zu werden.
Es dient oft einfach nur als etwas,
das man anstrebt."

Bruce Lee

Verdrängung oder Akzeptanz

Es gibt in meinen Augen grundsätzlich zwei Arten, wie Menschen mit ihrer Trauer umgehen. Während einige Trauernde sich möglicherweise in die Arbeit stürzen oder sich die Nächte mit Freunden um die Ohren schlagen, ziehen sich andere Menschen eher zurück und verarbeiten ganz bewusst die Erinnerungen an den Verstorbenen. Manchmal braucht man dafür nur sich selbst und etwas Ruhe.

Aber warum verdrängen Menschen ihre Trauer überhaupt? Die Frage kann sicher nicht allgemeingültig beantwortet werden. Jeder Mensch hat seine eigenen Gründe dafür, warum er sich nicht mit der Trauer und dem Verlust auseinandersetzen möchte. Ablenkung ist dabei für viele Menschen wichtig, denn so denken sie vielleicht weniger an den geliebten Menschen. Was einerseits verlockend klingt, hat aber andererseits gewisse Tücken und Nachteile. Bewusst zu trauern ist für unsere Verarbeitung enorm wichtig, da wir unsere Gefühle nicht dauerhaft unterdrücken können.

Viele Beispiele zeigen, dass es häufig zu einer zurückkehrenden Trauer kommt, die manchmal sogar noch heftiger sein kann als die Gefühle es ohnehin sind.

Trauer bewusst zuzulassen und sie sogar in unseren Alltag zu holen, ist für den Prozess der Verarbeitung und Akzeptanz aus meiner Erfahrung wichtig. Verdrängte Trauer ermöglicht genau dies nicht. Es findet, wie schon erwähnt, eine Ablenkung statt. Eine gewisse Angst vor der Auseinandersetzung mit dem Verlust kann vorhanden sein und es besteht oft der Wunsch, dass die Zeit einfach vorübergeht und man nach einigen Wochen nicht mehr so sehr daran denken muss. Häufig ist genau das Gegenteil der Fall, denn die Trauer verlängert sich dadurch und schlägt möglicherweise mit größerer Wucht zurück. Nicht selten sind dann entsprechende professionelle Therapiemaßnahmen erforderlich.

Wie könnte stattdessen eine „gesunde Trauer" aussehen, wenn wir sie nicht verdrängen? Wie können wir lernen, den Verlust zu akzeptieren?

Ich hatte bereits geschrieben, dass für einen heilsamen Umgang mit der Trauer das bewusste Wahrnehmen der einzelnen Trauerphasen und das Zulassen der jeweiligen Emotionen wichtig sind. Erinnerungen gehören dabei dazu. Auch das intensive Fühlen vom Vermissen hat, auch wenn es widersprüchlich klingt, seinen Sinn im Trauerprozess.

Auf dem Weg zur Akzeptanz gelangen wir aus einem Gefühl der unbeschreiblichen Traurigkeit stückweise zur Dankbarkeit. Der Schmerz, den geliebten Menschen nicht mehr an der Seite zu haben, macht auch Platz für Dankbarkeit, dass man einen Teil des Lebens gemeinsam erleben durfte.

Grundsätzlich ist es beim Akzeptieren von großer Bedeutung, dass es Dinge gibt, die außerhalb unserer eigenen Kontrolle liegen. Wir sollten uns dessen bewusst werden. Der Tod, als das unumkehrbare Ende eines lebendigen Wesens, gehört grundlegend zu diesen Dingen. Unser aller Leben ist endlich und wir alle werden eines Tages sterben.

Wer dies verstanden und akzeptiert hat, kann aus meiner Erfahrung mit Verlusten auch etwas besser umgehen und findet einen ganz eigenen Weg zu persönlicher Akzeptanz.

Der Unterschied zwischen Verdrängung und Akzeptanz liegt für mich also ganz wesentlich darin, dass wir mit dem bewussten Erleben der Trauer einen heilsamen Umgang für unsere eigene Seele erreichen können.

Durch bewusstes Fühlen kann es uns gelingen, den Verlust besser zu verarbeiten. Es geht dabei nicht darum, den Verstorbenen zu vergessen oder aus unserem Herzen auszulöschen. Dafür ist das Band der Liebe viel zu stark. Einen geliebten Menschen wird man niemals vergessen und auch niemals aufhören zu lieben.

Durch unsere Akzeptanz des Verlustes erreichen wir vielmehr einen tröstlicheren Umgang mit dem Unausweichlichen und geben unseren verstorbenen Liebsten einen neuen und dauerhaften Platz in unserem Leben.

Für diese Akzeptanz greifen viele Menschen auf unterschiedliche Dinge zurück. Einigen Trauernden hilft es, ihre Gefühle aufzuschreiben, während andere durch Singen und Tanzen ihre Emotionen nach außen führen.

Wieder andere schreiben den Verstorbenen Briefe, die sie Zuhause aufbewahren oder sogar am Grab vorlesen.

Auch Basteln und Malen können unserer Seele beim Verarbeiten des Verlustes helfen. Was wir auch immer machen, um unsere Gefühle zuzulassen und aus uns herauszubringen. Es unterstützt uns dabei, den Verlust wirklich anzunehmen, anstatt ihn zu verdrängen.

„Wenn ihr mich sucht, sucht in euren Herzen.
Habe ich dort eine Bleibe gefunden,
lebe ich in euch weiter.“

Rainer Maria Rilke

Trauer hat kein Ablaufdatum

Immer wieder werden Trauernde mit einer zeitlichen Befristung ihrer Trauer konfrontiert, die besonders aus dem Umfeld an sie herangetragen wird. Familie, Freunde und Kollegen wundern sich, warum die Trauer so lange dauert. Dabei wird allzu oft vergessen, dass jeder Verlust auf seine Weise schmerzhaft ist. Auch die Beziehung zum Verstorbenen beeinflusst die Dauer und Ausprägung der jeweiligen Trauer.

Es gibt keine Regeln für die Dauer der Trauer, denn der Schmerz, den der Verlust tief in unserem Herzen hinterlassen hat, wird niemals vergehen. Immer wieder wird es Situationen geben, in denen der Schmerz heftiger ist, oder Tage, an denen wir uns mehr mit dem Verlust beschäftigen, als es an anderen Tagen der Fall ist.

Wichtige Ereignisse, wie Geburtstage, Weihnachten oder der Todestag, werden immer einen besonderen Schmerz hervorrufen. Das Vermissen wird dann noch einmal präsenter und wir spüren, wie gerne wir den geliebten Menschen gerade jetzt in den Arm nehmen möchten.

Auch viele Jahre später wird man den Verlust fühlen und sollte sich seiner Gefühle nicht schämen.

Die Schmerzen der Trauer werden bei einem heilsamen Umgang mit dem Verlust erträglicher, aber niemals komplett vergehen. Aus tiefen Wunden, die uns der Verlust in unserer Seele verursacht hat, werden im Laufe der Zeit Narben, die wir nicht verdecken können. Sie werden immer als erkennbares Zeichen unseres Verlustes deutlich sichtbar sein. An manchen Tagen gelingt es uns zwar, diese Narben etwas zu kaschieren, aber sie werden bleiben.

Fragt man betroffene Menschen, wie lange ihre Trauer gedauert hat, hört man sehr unterschiedliche Aussagen. Während die tiefe Trauer beim Tod eines guten Freundes oftmals nach wenigen Monaten nachlässt, bleibt sie beim Verlust des Ehepartners einige Jahre bestehen. Muss man sein eigenes Kind zu Grabe tragen, ist es nicht schwer nachzuvollziehen, dass manche Eltern auch nach Jahrzehnten noch tiefste Trauer verspüren.

Wenn man selbst das Gefühl hat, die Trauer alleine nicht bewältigen zu können, stehen unterschiedliche Hilfsangebote zur Verfügung. Niemand sollte sich schämen, diese Hilfe in Anspruch zu nehmen.

„Es ist eine Ferne, die war, von der wir kommen.
Es ist eine Ferne, die sein wird, zu der wir gehen.“

Johann Wolfgang von Goethe

Was habe ich selbst erlebt

Wie ziemlich jeder Mensch habe auch ich im Laufe meines Lebens schon einige Schicksalsschläge und Verluste erlitten. Jeder Verlust war für mich auf seine Weise enorm schlimm. Doch es gibt gewisse Unterschiede. Sie differenzieren sich in der zwischenmenschlichen Beziehung und auch in der Stärke der Trauer, die ich spürte.

Ich nehme Sie nun gerne mit auf meine ganz persönliche Reise der Trauer und Verarbeitung.

„Die Verluste unseres Lebens ermöglichen,
nach durchlebter tiefer Trauer,
das Wachstum der Seele
als Teil meines Lebens hier auf Erden.
Für diese Erfahrungen bin ich demütig dankbar.“

Jens de Jonge

Der erste Todesfall in meinem Leben

Ich war gerade 14 Jahre alt und es war kurz vor Weihnachten im Jahr 1994. Meine Urgroßmutter war schon über 90 Jahre alt, als es ihr immer schlechter ging und meine Großeltern beschlossen, sie zu uns zu nehmen. Wir wohnten damals alle zusammen in einem Haus auf zwei Etagen. Einige Zeit nachdem meine Urgroßmutter bei meinen Großeltern einzog, starb sie. Damals hatte ich, wie vermutlich viele Jugendliche in dem Alter, eine große Angst vor dem Sterben und vor dem Tod. Dies alles war total fremd für mich und ich konnte mit der ganzen Situation überhaupt nicht umgehen.

Als der Wagen des Bestatters vorfuhr, flüchtete ich mich in mein Zimmer und verkroch mich in einer Ecke. Ich wollte nichts sehen und hören. Auch zur Beerdigung konnte ich nicht mitgehen. Dieser Gedanke an den Sarg und die Menschen, die alle weinen würden, war für mich nicht auszuhalten. Ich blieb also Zuhause und wartete, bis meine Eltern und Großeltern wieder zurück waren.

Mein Vater wurde mir genommen

Keine zwei Jahre später, im Mai, war ein Ausflug mit meiner Schulklasse geplant. Es handelte sich um ein sogenanntes Planspiel und wir fuhren als Klasse mit dem Zug in eine Bundeswehrkaserne.

Am Morgen der Abreise fuhren mich meine Eltern zum Bahnhof. Ich stieg aus dem Auto aus und verabschiedete mich von meinen Eltern mit einem flüchtigen ‚Tschüss‘. Während ich vom Auto weglief, rief mich mein Vater noch einmal zu sich ans geöffnete Autofenster und fragte, ob ich ihn nicht wenigstens richtig umarmen könne, bevor ich fahre. Ich dachte nicht darüber nach, obwohl er das bisher noch nie gemacht hatte. Heute weiß ich den Grund, den wohl damals nur er vielleicht spürte. Nachdem ich ihn kurz umarmt hatte, ging ich zu meinen Freunden, die schon auf der anderen Straßenseite warteten.

Die Fahrt in die Kaserne dauerte gute zwei Stunden und am nächsten Tag sollte das Planspiel beginnen.

Ich erinnere mich noch daran, dass wir nach dem Abendessen noch etwas Musik hörten und ich in der Nacht nicht besonders gut geschlafen hatte.

Nach dem Frühstück am nächsten Morgen wurden wir in zwei Gruppen eingeteilt und das Planspiel konnte beginnen. Ich weiß heute überhaupt nicht mehr, worum es dabei ging, aber das ist nach fast dreißig Jahren ja auch kein Wunder.

Einige Zeit nachdem wir begonnen hatten, kam meine damalige Klassenlehrerin auf mich zu und bat mich, mit ihr kurz vor den Raum zu gehen, da sie mit mir sprechen müsse. Es ist schon komisch, dass man sich an solche Situationen auch nach so langer Zeit noch genau erinnern kann. Jedes Wort, das ich an diesem Morgen von ihr hörte, ist in meinem Gedächtnis eingebrannt. Sie sagte mir, dass mein Vater in der Nacht ins Krankenhaus eingeliefert wurde. Es wäre nichts Schlimmes, aber meine Mutter wollte, dass ich nach Hause komme. Sie rief in der Kaserne an, denn für Notfälle wurde immer die Nummer an die Eltern herausgegeben, wenn wir auf Klassenfahrten waren.

Von der Bundeswehr wurde mir sogar ein Fahrer zur Verfügung gestellt, der mich mit einem Auto von der Kaserne zurückgefahren hat. Dafür war und bin ich bis heute sehr dankbar, denn mit dem Zug hätte ich die Fahrt alleine wohl nicht so leicht geschafft. Jetzt war ich wie ferngesteuert. Eine kurze Verabschiedung an meine Freunde und noch schnell die Sachen packen. Schon saß ich im Auto.

Auf der Fahrt machte ich mir keine großen Gedanken darüber, was wohl passiert sein mochte. Handys gab es damals noch nicht in der Form wie heute und ich wusste nicht mehr als das, was ich am Morgen erfahren hatte.

Wir kamen Zuhause an und ich wurde bereits erwartet, als ich aus dem Auto stieg. Noch im Flur erfuhr ich, was wirklich vorgefallen war. Mein Vater ist am Vorabend zusammengebrochen und kam mit Verdacht auf Hirnblutung ins Krankenhaus. Geschockt von dieser Nachricht rannte ich in mein damaliges Kinderzimmer und konnte meine Emotionen gar nicht unterdrücken. Mit voller Wucht trat ich gegen meinen Kleiderschrank und spürte nur Wut in mir.

Damals verstand ich das nicht. Mittlerweile, viele Jahre später, weiß ich den Grund dafür.

Ich war wütend auf meinen Vater. Denn so etwas hätte doch niemals passieren dürfen. Noch vor ein paar Tagen war alles in Ordnung. Obwohl ich zu diesem Zeitpunkt noch nicht wusste, wie sich alles entwickeln würde, spürte ich neben dieser Wut nur eine große Leere.

Die folgenden Wochen zeigten deutlich, mit welcher Wucht das Schicksal zuschlagen konnte. Es blieb nicht bei einer Blutung, sondern im Krankenhaus kam es zu einer noch massiveren Blutung in zentralen Arealen des Gehirns. Durch eine Not-Operation konnte die Blutung zwar gestoppt werden, aber welche Auswirkungen und möglichen Schäden zu diesem Zeitpunkt aufgetreten waren, konnte man nicht feststellen. Prognosen, die man als Sohn nicht hören will und wochenlanges Koma waren eine enorme Belastung. Ich war nicht oft auf der Intensivstation, denn der Anblick war für mich kaum auszuhalten.

Die Ärzte behielten mit ihren Prognosen leider Recht und mein Vater wurde von einem Tag auf den anderen aus dem Leben gerissen. Aus einem Lebemann wurde innerhalb kürzester Zeit ein Pflegefall. Eine Pflege und Betreuung bei uns Zuhause war damals undenkbar. Nach vielen Wochen im Krankenhaus und in einer Rehabilitationseinrichtung wurde mein Vater in ein Pflegeheim verlegt, in dem er vor einigen Jahren verstarb.

Ich ging meinen ganz eigenen Weg, der mich manchmal auch heute noch beschäftigt. Ändern kann ich vieles heute nicht mehr. Manches war Selbstschutz und anders Verhalten auch Furcht, aber die Vergangenheit ist ein Teil unseres Lebens. Wir können sie nicht zurückdrehen und auch nicht ändern. Sie zu akzeptieren ist wichtig.

Für mich waren Monate und Jahre sehr einschneidende Erlebnisse und haben mich auch stark an meinem Glauben an Gott zweifeln lassen. Ich konnte und wollte es einfach nicht verstehen, warum dieser Gott, der doch allmächtig sein soll, einem Teenager solch ein Schicksal auferlegt. Ich zog mich sehr von meiner Familie zurück und verbrachte viel Zeit bei Freunden.

Es war damals auch für mich eine Ablenkung von dieser Situation. Viele Jahre kam ich nicht darüber hinweg und ich machte mir auch lange Zeit Vorwürfe, dass ich nicht Zuhause war, als es passierte.

Heute, fast dreißig Jahre später, schaue ich auch mit einer gewissen Dankbarkeit auf diese Zeit zurück. Sie formte mich und ich lernte viele Dinge, die mich zu dem Menschen gemacht haben, der ich heute bin. Ein unerwarteter Schicksalsschlag kann uns alle treffen. Man kann sich darauf nicht vorbereiten und auch ich hatte nur die Möglichkeit, mich der Situation zu stellen.

Der Tod meiner Oma

Im Jahr 2007 wurde mein Sohn Alexander geboren und ich wechselte meinen damaligen Arbeitsplatz. Eigentlich hätte dieses Jahr zu einem der besten in meinem Leben werden können. Doch noch bevor diese positiven Dinge eintraten, wurde ich erneut vom Schicksal schwer getroffen.

Meine Oma starb im Januar 2007 an Bauchspeicheldrüsenkrebs, nachdem sie nur wenige Monate zuvor die Diagnose bekommen hatte. Leider handelt es sich bei dieser Krebsform um einen sehr aggressiven Krebs, der sehr spät erkannt wird und für den es kaum Heilungschancen gibt.

Dieser Verlust war für mich enorm schwer zu verkraften. Der Tod meiner Oma war damals mit mehr Trauer verbunden als das, was mit meinem Vater passiert war.

Einer der wichtigsten Menschen in meinem damaligen Leben war nun für immer fort. Es fühlte sich falsch an und ich wollte das nicht wahrhaben.

Der Tod und das Schicksal schlugen erneut mit totaler Wucht zu und ich konnte nichts dagegen machen. Niemand konnte sich darauf vorbereiten, auch wenn mit der Diagnose bereits klar war, dass es nicht lange dauern würde, bis zu ihrer letzten Reise.

Mein Glaube war noch immer weg. Ich haderte noch mehr mit Gott und der Tatsache, dass er mir wieder einen wichtigen Menschen aus meinem Leben genommen hatte.

Es war unverständlich und ich hatte immer wieder gehofft, dass mir niemals Menschen aus meinem Umfeld genommen werden. Ich hatte auch viele Jahre, nachdem meine Uroma gestorben war, noch immer Angst vor dem Sterben und dem Tod. Alles, was damit zu tun hatte, wollte ich weit von mir wissen. Bloß nicht damit auseinandersetzen. Auch nach dem Tod meiner Oma war es noch so.

Und auch hier setzte wieder die Verdrängung ein.

Ich arbeitete viel und sprach nicht wirklich über den Verlust. Ich weinte zwar auch, aber wollte das selbst eigentlich nicht zulassen.

Heute schaue ich mit anderen Augen zurück und frage mich, ob das alles möglicherweise Teil eines Plans war, der mich auf etwas vorbereiten sollte.

Der Gedanke an den Tod allgemein war noch immer mit Angst besetzt. Ich konnte und wollte nicht daran denken.

Die Diagnose unserer Tochter Katharina

Schicksale erlebt wohl jeder Mensch irgendwann in seinem Leben. Was wir daraus machen und wie wir mit diesen Situationen umgehen, hängt von vielen Faktoren ab. Es gibt Menschen, die von Natur aus resilienter, also widerstandsfähiger gegenüber stressigen Situationen im Leben sind. Sie finden dadurch relativ schnell wieder in einen für sie normalen Tagesablauf. Man lernt aber auch aus vorangegangenen Ereignissen, was sich ebenfalls auf die Resilienz positiv auswirken kann.

Ist man aber gerade in einer Ausnahmesituation im Leben, wird man vermutlich nicht bewusst daran denken, wie man andere Situationen erlebt und sogar gemeistert hat.

So war es auch bei mir, als wir ein Jahr nach der Geburt unserer Tochter Katharina, ihre Diagnose erfahren hatten. Sie litt an einem sehr seltenen Gendefekt und konnte dadurch nicht alleine sitzen, nicht laufen und auch nicht sprechen. Katharina war also seit ihrer Geburt pflegebedürftig.

Es brach zunächst eine Welt für uns zusammen. Wir wollten das nicht wahrhaben und stellten uns auch immer die Frage nach dem Warum.

Es dauerte ein paar Monate nach der Diagnose, bis wir immer mehr bemerkten, dass wir diese Tatsache nicht ändern konnten. Wir hatten keine Wahl und es gab für uns immer nur eine Möglichkeit. Wir mussten das Schicksal annehmen und akzeptieren, dass unser Mädchen immer auf unsere Hilfe angewiesen sein würde.

Wir schafften es und versuchten alles, um unserer Tochter und unseren drei Söhnen ein Leben zu ermöglichen, das zwar an die Situation angepasst war, jedoch alle gleichermaßen berücksichtigte. Es war nicht immer einfach und an manchen Tagen war es ein regelrechter Spagat.

Das, was mir in den Jahren vor Katharinas Diagnose im Leben passierte, war wie eine Art Vorbereitung.

Ich erkenne mittlerweile, dass der Weg meines Lebens nur durch und mit diesen Schicksalsschlägen so möglich war. Jeder einzelne Moment meiner Vergangenheit bereitete mich auf weitere Situationen in meinem heutigen Leben vor. Nichts geschah ohne einen Grund und immer mit dem Ziel, mich zu formen, sowie um meine persönliche Weiterentwicklung voranzubringen.

Es gab Tage, an denen wir uns fragten, wie wir das alles schaffen sollten. Aber niemals machten wir uns ernsthaft darüber Gedanken, ob wir aufgeben würden. Dies war nie eine Option.

Natürlich hatte die erste Phase auch etwas mit Trauer zu tun, denn auch hier merkten wir, dass das, was wir uns für unsere Tochter gewünscht hatten, nicht eintreffen würde. Wir trauerten also in diesem Moment, weil wir den Verlust einer Vorstellung verarbeiten mussten. Wieder ging es um Akzeptanz. Dieses Leben so zu akzeptieren, wie es von nun an für uns alle sein würde. Wir mussten verstehen und annehmen, was unausweichlich war. Glücklicherweise schafften wir es und sind für die gemeinsame Zeit sehr dankbar.

Als unsere Tochter starb

Was kann es im Leben schlimmeres geben, als sein eigenes Kind zu beerdigen? Wie oft habe ich mir diese Frage immer wieder gestellt, wenn ich im Fernsehen oder im Internet den Tod eines Kindes sah. Trotz der Diagnose von Katharina, gab es keine Anzeichen dafür, dass dieser seltene Gendefekt sich verkürzend auf die Lebenserwartung auswirken würde.

Im Winter 2020 war es das erste Mal kritisch. Bisher hatte Katharina keine Probleme mit ihrer Lunge. Bei diesem Krankenhausaufenthalt ging alles gut und sie konnte nach einiger Zeit wieder nach Hause kommen. Wir hakten diesen Aufenthalt ab und konzentrierten uns auf die bevorstehende Zeit. Die Pflege wurde etwas aufwändiger, aber wir stellten uns auch diesen Herausforderungen. Keine drei Jahre später änderte sich alles ganz plötzlich.

Es war die Nacht von Samstag auf Sonntag, vom 22.04.2023 auf 23.04.2023, als um 3:15 Uhr das Telefon klingelte.

Unsere Tochter lag nun schon seit fast 5 Wochen auf der Intensivstation und kämpfte gegen eine Blutvergiftung. Es gab keine klare Tendenz, wie die Krankheit weiter verlaufen würde. Sie wurde beatmet und lag im künstlichen Koma. Ihr Zustand wechselte täglich.

Unter anderem auf Anraten der Ärzte verbrachte ich die Nächte Zuhause bei meiner Frau und meinen Söhnen. Tagsüber war ich pausenlos bei unserer Tochter auf der Intensivstation und saß an ihrem Bett. Ich fuhr jeden Morgen und jeden Abend viele Kilometer bis ins Krankenhaus und wieder zurück. Jeder einzelne Meter war es wert. Doch in dieser Nacht sollte sich unser Leben für immer verändern.

Die Krankenschwester am Telefon sagte, dass wir kommen sollen. Es ging unserer Tochter nicht gut und die Ärzte kämpften bereits um ihr Leben. Ohne eine Sekunde zu zögern machten wir uns fertig und fuhren los. Die Fahrt dauert ungefähr 45 Minuten. Es regnete und auf den Straßen war überhaupt kein Verkehr. Es war kein Auto auf unserer Seite der Autobahn, noch auf der Gegenfahrbahn.

Abseits der Autobahn war jede Ampel, an die wir kamen, grün. Wir mussten nicht eine Sekunde anhalten. Und trotzdem kamen wir zehn Minuten zu spät und unsere geliebte Tochter hatte ihre Reise zu den Engeln bereits angetreten. Niemals werde ich den Blick der Ärzte vergessen, die bereits auf uns zukamen, sowie die Worte des Oberarztes, der sagte: „Es tut mir leid, sie ist gerade von uns gegangen".

Diese Worte brennen sich in das Gedächtnis ein. Egal, was man auch versucht, sie werden immer bleiben.

Wir verabschiedeten uns von unserer Tochter und fuhren einige Stunden später wieder nach Hause zu unseren Söhnen, die von alldem noch nichts wussten. Somit stand uns etwas bevor, worüber man sich noch nie vorher Gedanken machte. Wir mussten unseren anderen Kindern sagen, dass ihre kleine Schwester gestorben war. Hier wurde mir das erste Mal bewusst, wie schwierig es ist, einem Menschen diese schreckliche Nachricht zu überbringen. Ich machte mir Sorgen, wie jeder Einzelne unserer Söhne diese Nachricht auffassen würde.

Ich hatte Angst vor ihrer Reaktion. Angst davor, dass sie damit nicht umgehen könnten. Hinzu kam, dass alles noch so surreal und für meine Frau und mich noch gar nicht zu begreifen war. Es war erst wenige Stunden her. Wir wussten beim Betreten des Hauses, dass unsere Tochter nie mehr durch diese Türe kommen würde.

Es war alles verschwommen. Man versuchte es zu verstehen. Im gleichen Moment war da dieses Gefühl, dass es nicht sein konnte und nicht sein durfte. Wieso musste es gerade uns und gerade unserem Mädchen passieren? Das durfte doch gar nicht sein und morgen wäre alles bestimmt wieder normal. Sie wäre noch am Leben und ich würde zu ihr ins Krankenhaus fahren.

Die Gespräche mit unseren Söhnen waren emotional, aber ich merkte dabei auch, dass diese Angst davor größtenteils nicht notwendig war, die ich vorher noch in mir spürte.

Alle nahmen es traurig aber relativ gefasst auf. Es kam mir sogar teilweise vor, dass sie es besser wegsteckten als wir Eltern. Wir wollten es ja noch immer nicht wahrhaben.

Die Stunden vergingen und wir sahen überall Dinge von unserer Tochter im Haus und in ihrem Zimmer. Dort war der Ort, an dem wir unsere Emotionen einfach zulassen konnten. Dort weinten wir und hatten das Gefühl, ihr sehr nah zu sein. Es war ja ihr Zimmer. Noch immer sah es so aus, als käme sie jeden Moment zurück. Es war ein Gefühl, als würde man von Emotionen zerdrückt, die auf einem lasten. Das machte es manchmal sehr schwer, einen klaren Gedanken zu fassen. Es war ein Funktionieren ohne teilweise wirklich bewusste Handlungen.

Die Zeit verging überhaupt nicht. Wir schauten immer wieder auf die Uhr und nichts tat sich. Es war, als würde sich der Zeiger gar nicht mehr bewegen. Auch die vielen Gespräche mit der Familie oder den Freunden halfen da nichts.

Der nächste Tag oder alleine die Vorstellung davon war nicht greifbar. Es folgten noch viele solcher Tage, an denen man alles nicht wahrhaben wollte.

Menschen, die man traf, an der Kasse im Supermarkt oder an der Tankstelle, begegneten mir fröhlich. Ich dachte mir, was das sollte? Meine Tochter war gestorben und diese Menschen waren fröhlich und gut gelaunt? Ich kam mir vor wie in einem Käfig. Unfähig, klar zu denken. Gefangen in der Zeit, die scheinbar nicht zu vergehen schien. Um mich herum Menschen, die mich mit ihrem Lächeln noch provozierten. So kam es mir selbst vor und so waren diese Tage für mich, direkt nach dem Verlust. Ich wollte nicht verstehen, was passiert war und was man mir genommen hatte.

Wir verabschiedeten uns am offenen Sarg von unserer geliebten Tochter, obwohl ich dies anfangs nicht wollte. Zu groß war noch immer meine Angst, unsere Tochter tot vor mir liegen zu sehen. Da waren wieder diese schrecklichen Gefühle, die ich immer hatte, wenn es in meinem Leben um den Tod ging. Nun war es aber meine Tochter und ich musste mich dem stellen, was vor meiner Familie und mir lag. Ich sah sie da liegen und diese ganze Angst vor dem Tod war auf einmal weg. Es war ein so friedlicher Anblick und nichts Schlimmes und Düsteres, wie ich es mir immer vorgestellt hatte.

Auch wenn das vielleicht nur für diese Situation gilt, so hat es mir doch geholfen, meine inneren Ängste zu überwinden. Selbst meinen Glauben an Gott fand ich in dieser ganzen schweren Zeit wieder.

Am Tag der Beerdigung war noch immer alles wie unter einem Schleier. Es war, als würde man nur funktionieren. Manchmal kam es mir vor, dass ich die Menschen trösten musste, die vor mir standen, um ihr Beileid auszusprechen. Sie weinten und schauten mich teilweise richtig hilflos an.

Ich spürte auch Schuldgefühle in der ersten Zeit. Es ist vollkommen normal, über einen so schweren Verlust nachzudenken. Ich fragte mich, ob ich etwas übersehen hatte oder ob die Ärzte eventuell etwas falsch gemacht hatten. Insgeheim wusste ich, dass dem nicht so war, aber wenn irgendwer Schuld hat an einem solchen Verlust, ist es erträglicher. Dachte ich zumindest.

Geändert hat sich nichts, auch nicht durch meine Schuldzuweisungen an alle möglichen Personen, inklusive mir selbst. Eines Abends sagte ich zu meiner Frau, dass alles nichts bringt und ich vergeben müsste.

Ich setzte mich auf und sprach mit deutlicher Stimme: „Ich vergebe mir. Ich vergebe den Ärzten und allen Menschen, dass sie es nicht verhindern konnten, dass Katharina gestorben ist. Und ich vergebe Katharina, denn auch sie trifft keine Schuld, dass sie gegangen ist."

Diese Sätze waren wie eine Art Befreiungsschlag für mich. Es war etwas, das meine Seele brauchte, sowie der Moment, ab dem ich den Tod von Katharina mit anderen Augen sehen konnte.

Viele Wochen nach ihrem Tod bemerkte ich, dass sich etwas in mir veränderte. Zuerst empfand ich eine enorme Trauer, wenn ich mir Fotos und Videos von Katharina anschaute. Es gab auch eine Zeit, in der ich einen großen Abstand davon brauchte. Doch auch das änderte sich.

Ein ganz schwerer Moment war es, das Zimmer von Katharina auszuräumen. Trotz aller Schmerzen war es uns wichtig, dies so bewusst wie möglich zu erleben. Jedes Kleidungsstück wurde einzeln aus dem Schrank geräumt und noch einmal angeschaut, bevor es in einem Karton verpackt wurde.

Mit jedem Teil wurde der Abschied deutlicher. Der Schmerz war unbeschreiblich. Besonders schwer war es für meine Frau, die dies mit der Unterstützung unserer Söhne und mir selbst erledigen wollte.

Aus Wochen wurden Monate und ein gewisser Alltag kehrte wieder ein. Schule und Arbeit gingen weiter. Langsam begann ich, die vielen Erinnerungen von einer anderen Seite zu sehen. Aus dieser Traurigkeit wurde so etwas wie Dankbarkeit. Ich schaute mir jetzt die Bilder und Videos gerne an. Bei den Videos, auf denen sie herzlich lachte, musste ich ebenfalls lachen. Zu wissen, dass wir elf gemeinsame Jahre verbringen durften und viele schöne Erinnerungen dauerhaft in unserem Herzen tragen, ist sehr tröstlich.

Das Erzählen von Katharina und ihrer wundervollen Art, die Unbeschwertheit, die nach und nach kam, wenn wir über sie redeten, sind schöne Momente. Der Schmerz wird immer bleiben, auch noch viele weitere Jahre, aber wir tragen Katharina durch unsere Liebe immer bei uns. Sie war und ist weiterhin Teil unseres Lebens – wenn auch nun auf eine andere Art und Weise.

Was hat das alles für einen Sinn?

Wenn ein geliebter Mensch stirbt, stellen sich viele Hinterbliebene die Frage nach einem Sinn. Es gibt eine ganze Reihe von Beispielen, in denen aus der Trauer neue Kraft geschöpft wurde. Auch ich hatte viele solcher Momente, in denen ich spürte, dass mich etwas bewegte. Ich konnte es lange nur nicht deuten und verstehen.

Wie bereits in meinem Burnout hat mir das Schreiben sehr geholfen. Damals schrieb ich schon ein Buch über die ersten beiden Jahre aus Katharinas Leben. Es war mir in diesem Buch wichtig, zu versuchen, mich in Katharina hineinzuversetzen. Ich schrieb es so, als würde sie es erzählen. Ein Engel namens Jonathan war immer an ihrer Seite und begleitete sie in diesen Jahren. Das Buch half mir sehr in der Verarbeitung der Diagnose. Ich konnte meine eigenen Emotionen nach außen bringen, anstatt sie in mich hineinzufressen.

Auch jetzt, nach dem Tod von Katharina, begann ich wieder zu schreiben und schrieb ein Buch über unser gemeinsames Leben mit Katharina.

Das Beschreiben meiner Trauer, Freude, Dankbarkeit und die Vorstellung von Katharina im Paradies, in dem sie springen und tanzen kann, waren für meine Verarbeitung sehr wichtig. Auch ihr Engel Jonathan war in diesem Buch ebenfalls in einigen Kapiteln an ihrer Seite. Diese Vorstellung gab mir sehr viel Kraft, dass sie auf ihrem Weg durch die Jahre bis in den Himmel von ihrem Schutzengel begleitet wurde.

Meine innere Stimme, wenn ich es mal so nennen darf, flüsterte mir aber weiterhin, dass da noch irgendetwas ist, was durch Katharinas Tod ausgelöst wurde. Ganz oft fragte ich mich immer wieder, was es zu bedeuten hatte. Und dann kam der Tag, an dem ich beschloss, als Personal Coach und Trauerbegleiter auch anderen Menschen in bestimmten Lebenssituationen oder nach Verlusten zur Seite zu stehen.

Trauer fühlen und annehmen

Auch wenn der Schmerz über den Verlust eines geliebten Menschen unerträglich erscheint, sollte er nicht verdrängt werden. Für unsere Seele ist es geradezu notwendig, den Verlust zu fühlen, um ihn dadurch besser verarbeiten zu können.

Wir alle haben vermutlich in unserem Leben schon Situationen erlebt, die wir nicht kontrollieren konnten. Solche Dinge finden wir gar nicht gut. Genau das erschwert es, sie akzeptieren zu können. Der Tod ist Teil unseres Lebens. Jeder Mensch und jedes Tier, einfach alles, was als Lebewesen geboren wird, stirbt eines Tages. Der Kreislauf des Lebens kann nicht gestoppt werden.

Einen geliebten Menschen zu verlieren, ist manchmal mit Worten einfach nicht zu beschreiben. Wir schauen in den Himmel und stellen uns vor, wie es dort oben wohl aussehen mag. Vielleicht sind sie im Himmel, im Paradies oder immer noch als pure Energie Teil unseres Lebens. Wir wissen es nicht. Ob es jemals herausgefunden wird, ist unwahrscheinlich.

Unser Körper und unsere Seele verfügen über viele Möglichkeiten, mit einem Verlust umzugehen. Aufgrund der Unterschiede von Mensch zu Mensch gelingt es einigen besser als anderen.

Niemand möchte sich vorstellen, einen geliebten Menschen zu verlieren, auch wenn dies jederzeit geschehen kann. Wir alle wissen nicht, was uns in der nächsten Sekunde, Minute oder Stunde unseres Lebens erwartet. Die gezielte Auseinandersetzung mit dem Thema Verlust kann es aber ermöglichen, Schicksale und Todesfälle in unserem Leben besser zu verarbeiten. Indem wir Trauer fühlen und den Schmerz der Trauer zulassen, können wir unsere Seele beim Annehmen und Akzeptieren des Verlustes unterstützen. Das Zusammenspiel zwischen unseren Gedanken und Gefühlen kann sich für die Trauer als Vorteil, aber auch als Hindernis zeigen. Je offener wir uns der Situation stellen und unsere Trauer zulassen, desto besser können sich auch wieder positive und lebensbejahende Momente zeigen.

Jede Trauer ist so individuell wie der trauernde Mensch selbst. Was einem Menschen mitunter komisch vorkommen mag, zum Beispiel am Verhalten einer trauernden Witwe oder eines trauernden Vaters, fühlt sich für diese Person in diesem Moment genau richtig an. Sich hierüber ein Urteil zu erlauben und ein gewisses Verhalten zu verurteilen, ist nicht nur unangebracht, sondern auch für den Trauernden zusätzlich belastend.

Es ist absolut notwendig für die Verarbeitung und Akzeptanz, dass jeder Mensch zu seiner Trauer und seinem persönlichen Umgang damit stehen kann, ohne sich für etwas schämen zu müssen. Tanzen und Lachen sind ebenso erlaubt wie Weinen und Rückzug.

Trauer darf kein Tabuthema in unserer Gesellschaft sein. Es gibt viele Beispiele aus anderen Ländern, in denen mit Tod und Trauer schon seit Generationen ganz anders umgegangen wird.

Schauen wir nach Mexiko. Dort wird einmal im Jahr der Tag der Toten „Dia de los Muertos" gefeiert, an dem der Verstorbenen gedacht wird. Dem Glauben nach kehren die Toten an diesem Tag aus dem Jenseits zu ihren Familien zurück, um mit ihnen zu feiern. In Mexiko wird der Tod nicht als das Ende der Seele angesehen. Die Hinterbliebenen gehen nachts an die Gräber ihrer Liebsten und bringen Geschenke, die sie dort ablegen. Der Tod ist keineswegs ein Tabuthema, denn man feiert das Leben und den Tod. Was paradox klingt, ermöglicht den Menschen dort einen ganz anderen Umgang mit der Trauer.

Ein weiteres Beispiel für einen ganz speziellen Umgang mit dem Tod oder besser bei Bestattungen ist New Orleans. Wer kennt sie nicht, die Bilder von singenden und tanzenden Menschen in den Straßen bei einer Beerdigung.

Viele Länder dieser Erde haben ganze eigene Rituale. Diese alle hier aufzuführen würde jedoch zu weit gehen.

Der Untertitel dieses Buches lautet „Ein Missverständnis von Verdrängung und Akzeptanz" - aus gutem Grund. Zu oft habe ich Klientinnen und Klienten in meinen Gesprächen, die ihre Trauer nicht zugelassen haben. Die Auseinandersetzung mit dem Tod ist kein leichtes Thema und niemand befasst sich gerne damit. Zu groß ist die Verlockung im Alltagstrubel, einfach über den Verlust hinwegzugehen, ohne ihn dabei richtig zu fühlen.

Der Schmerz ist nicht so stark, weil man sich gar nicht die Gelegenheit gibt, ihn richtig zuzulassen. Die Tränen bleiben aus, weil man versucht, die Trauer gegenüber außenstehenden Menschen nicht zu zeigen. Es gibt viele Gründe, warum Trauer lieber verdrängt wird. Irgendwann bemerken diese Menschen, die ihre Trauer nicht zugelassen haben, dass alles wieder normal zu sein scheint. Nichts erinnert an einen Verlust. Wenn doch, dann sagt man sich, dass man es ja längst überwunden hätte. Doch wo waren die Momente der Tränen, die Wut und die übrigen Trauerphasen? Wenn ich meinen Gesprächen danach frage, gibt es darauf oft keine Antwort. Die Trauer war nicht ausreichend vorhanden.

Einige Zeit später erkennen die Hinterbliebenen dann häufig doch, dass etwas in ihnen ist, das sie beschäftigt. Manchmal ist es ein weiterer Trauerfall im engsten Umfeld oder eine besondere Situation, die an den Verstorbenen erinnert. Alles kommt verstärkt wieder ins Bewusstsein. Die Gedanken, man hätte den Verlust akzeptiert, weichen der Ernüchterung, dass dies bei Weitem nicht so ist.

Der Weg zur Akzeptanz eines Verlustes geht fast ausnahmslos nur mit der direkten Auseinandersetzung und dem Zulassen aller damit verbundenen Gefühle, die wir empfinden. Der Schmerz soll gefühlt werden. Die Tränen sollen geweint werden. Auch die Auseinandersetzung mit der eigenen neuen Realität ohne den geliebten Menschen ist Teil der Trauerverarbeitung und sollte niemals verdrängt werden. Das Leben muss neu sortiert und der Inhalt neu gefunden werden.

Das Verständnis dafür, dass es einen neuen Lebensabschnitt gibt, in dem der Verstorbene nicht wie bisher an unserer Seite ist, ist wesentlich bei der Trauerverarbeitung.

Hilfreiche Dinge während der Trauer

Die Trauer ist individuell und wir Menschen sind es ebenso. Deshalb gibt es auch kein Patentrezept, das jemandem in der Trauer helfen oder die Verarbeitung unterstützen kann.

Ich möchte Ihnen dennoch ein paar Dinge aufführen, die schon einigen Klientinnen und Klienten geholfen haben. Welche Sie davon ausprobieren möchten oder welche Ihnen persönlich weiterhelfen, finden Sie sicher am besten selbst heraus.

Schreiben oder nehmen Sie Ihre Emotionen auf

Nicht jeder Mensch ist ein geborener Schriftsteller, doch darum geht es auch gar nicht. Einige Menschen haben aber mitunter Schwierigkeiten, ihre Gefühle und Gedanken offen auszusprechen, oder niemanden, mit dem sie reden können. Ein Blatt Papier oder ein kleines Notizbuch, das Sie immer bei sich tragen können, kann Wunder bewirken.

Im Zeitalter der Smartphones erübrigt sich aber meistens das klassische Notizbuch, denn schnell sind ein paar wichtige Dinge im Handy notiert. Egal ob im Bus, auf der Arbeit oder Zuhause, schreiben Sie auf, was Sie im jeweiligen Moment bewegt.

Schreiben Sie dem Verstorbenen Briefe

Ein kleiner Brief mit Worten, die Sie dem Verstorbenen gerne noch gesagt hätten, oder einfach nur ein paar Zeilen voller Liebe und Dankbarkeit. Der Phantasie sind keine Grenzen gesetzt. Diese Briefe können Sie bei einer besonderen Gelegenheit am Grab vorlesen oder an einem Ballon in den Himmel aufsteigen lassen.

Einigen Menschen hilft es schon, einfach nur die Briefe zu schreiben und an einem Ort im Haushalt aufzubewahren. Wenn man das Bedürfnis hat, kann man sie jederzeit hervorholen und lesen.

Sprechen Sie mit Freunden und Bekannten

Zeigen Sie Ihre Gefühle und öffnen Sie sich Ihren Freunden und Bekannten. Alle Emotionen, die Sie offen in einem Gespräch ansprechen, also nicht unterdrücken und verdrängen, können bei der Verarbeitung helfen. Falls Sie niemanden zum Reden haben, fragen Sie gezielt in Ihrer Umgebung nach Trauergruppen und Hilfsangeboten für Hinterbliebene. Teilen Sie Ihren Mitmenschen aber auch direkt mit, wenn Sie gerade nicht in der Lage sind, zu sprechen.

Basteln Sie Erinnerungsstücke

Ein kleines Foto eingerahmt in einem besonderen Bilderrahmen oder ein Schlüsselanhänger mit einem besonderen Bild des Verstorbenen sind wahre Schätze, wenn es darum geht, die Erinnerungen aufrecht zu erhalten. Zudem sind Bastelarbeiten gut für die Seele und helfen auf kreative Weise, zu entspannen.

Nehmen Sie sich kleine Auszeiten

Kleine Auszeiten sind wichtig für Körper und Seele. Bauen Sie kleine Ruhepausen in Ihren Alltag ein, um bewusst auch die Trauer zuzulassen. Eine Meditation kann darüber hinaus auch für die nötige Entschleunigung des Alltags sorgen. Sie können neue Kraft tanken. Auch Spaziergänge in der Natur sorgen für neue Energie und wir können uns unseren Liebsten ganz nah fühlen.

Malen Sie Ihre Gefühle

Es ist noch kein Meister vom Himmel gefallen und wir sind auch alle nicht Picasso, aber Malen kann auch bei der persönlichen Trauerverarbeitung helfen. Abstrakte Farben und Formen können dabei auf Papier gebracht werden. Aber auch phantasievolle Landschaften oder sogar Portraits von Menschen drücken oftmals die Gefühle eines Menschen aus. Das Ergebnis steht dabei in der Regel gar nicht im Vordergrund, sondern das Offenlegen von Emotionen und Gedanken. Ob man malt oder schreibt, liegt hauptsächlich im Interesse des Trauernden selbst.

Seien Sie offen für Unbekanntes

In unserer heutigen Zeit gibt es viele Dinge, die wir gut erklären und beweisen können. Der Tod ist allerdings etwas, worüber man so gut wie nichts weiß. Damit meine ich vor allem die Frage, ob und was mit unserer Seele nach dem Tod geschieht. Gibt es überhaupt so etwas wie eine Seele? Es gibt einige wissenschaftliche Erkenntnisse, die nahelegen könnten, dass nach dem Tod eines Lebewesens nicht alles vorbei ist. Tatsächlich bewiesen ist jedoch nichts davon.

Dazu kommen Menschen, die Nahtoderfahrungen hatten. Wir können daraus ebenfalls schließen, dass etwas weitergeht nach unserem Tod. Doch auch das ist nicht nachweisbar.

Immer wieder berichten Menschen auch von Zeichen ihrer Liebsten, die Sie empfangen haben. Kritiker sagen, dass es so etwas nicht gibt und es alles physikalisch zu erklären ist. Dies mag tatsächlich sein, doch einen Beweis, dass es wirklich kein Zeichen eines Verstorbenen war, können sie ebenfalls nicht erbringen.

Heilsam können solche Gedanken und Gefühle im Trauerprozess dennoch sein. Wir können uns unseren Liebsten nah fühlen. Die Vorstellung, der geliebte Ehemann oder die Ehefrau sei auf andere Weise noch immer Teil des Lebens, kann in gewissem Maße die Verarbeitung unterstützen.

Woran wir glauben und was für uns vorstellbar ist, sollte jedem Menschen selbst überlassen sein und niemand darf hierüber ein Urteil fällen.

Wie sang einst Peter Maffay: „Und wenn ich geh, dann geht nur ein Teil von mir und gehst du, bleibt deine Wärme hier." Ein tröstlicher Gedanke für viele Trauernde.

Die Zukunft stirbt nicht

Für einen trauernden Menschen ist es lange Zeit unvorstellbar, aber die eigene Zukunft stirbt nicht. Sie wird aber anders sein. Wir werden auch immer wieder mit dem Verlust konfrontiert, wenn wir Erinnerungen anschauen oder an die geliebten Menschen denken. Der gesamte Trauerprozess ist wichtig, um sich mit der neuen Realität auseinanderzusetzen. Eine lebensbejahende Sichtweise nach dem Verlust und die Neuorientierung im eigenen Ich sind Meilensteine, die durch die bewusste Trauer wiedererlangt werden können.

Die Trauer ist Teil unseres Daseins und seit Menschengedenken gehören Verluste zum Leben.

Mit unseren eigenen Gedanken und dem Zulassen unserer Gefühle und unserer Traurigkeit können wir den Verlauf der Trauer unmittelbar beeinflussen.

„Tausend Worte können nicht sagen,

wie groß die Bestürzung war,

die unsere Herzen stocken ließ,

als Du so plötzlich gehen mußtest!

Tausend Worte können nicht beschreiben,

wie tief die Trauer in den Herzen derer liegt,

die Dich lieben, die Dich kennen.

Tausend Gedanken werden Dich begleiten,

auf Deiner Reise durch die Unendlichkeit.

Tausend Gedanken, in denen Du bei uns bis,

bis in alle Ewigkeit!

Die Erinnerung an Dich ist unsterblich!“

Ferdinand Schmuck

Herzlichen Dank für Ihr Interesse.